影響力をマスターする - 説得とマインドコントロールの暗い秘密

影響力をマスターする - 説得とマインドコントロールの暗い秘密

影響力をマスターする - 説得とマインドコントロールの暗い秘密

アイ・ジェイ・ナヤック

インド
2023年

コンテンツ

第 1 章: 精神操作の歴史

言語と思考は切っても切れない関係にあります。古代ギリシャの哲学者プラトン
は、私たちは言語を通じてのみ現実を経験すると示唆しました。ヴィルヘルム・
フォン・フンボルトは言語が思考の基礎であると考えました。これらの考えは、言
語の構造が話者の考え方に影響を与えると主張するサピア・ウォーフ仮説に形
式化されました。明確な例は、色を区別するために利用できる単語の数が話者
の色の認識にどのような影響を与えるかです。限られた単語が認知の選択肢を
制限し誘導するというこの概念は、影響力のある操作者がこの思考の道に導く
際に有利に利用するものであり、非常に重要であり、広く採用されています。時
が経つにつれて、フンボルトのような哲学者によっても同様に研究されました。

ジョージ・オーウェルの『1984』は、自己中心的なナルシストや冷淡な社会病質
者と同等の操作力で活動し、統治の一環としてレトリック戦略を使用するファシ
スト統治組織に焦点を当てた影響力のある本でした。この本はアメリカの学校で
教えられ続けており、その最大の影響の 1 つは、言語操作がどのように起こるか
を明らかにすることでした。具体的には、政府が選択する言語としてニュース
ピークを導入することです。ニュースピークは、言語の使用を制限することによっ
て、基本的な概念や現実の認識を変える権限を与えています。これを使用する
人は、特定の事項のみを認識し、不適切と考えられるすべての事項を無視また
は処理しません。簡単に言えば、ニュースピークは言語を制限することで国民の
現実を定義しています。その延長として、言語が自己表現のための発話の選択
肢を制限すると、個性はほぼ不可能になります。たとえば、形容詞が好ましくな
い形容詞に単純化されてしまうと、個人は自分の理解範囲外のものについて微
妙な考えを表現できなくなり、微妙な考えを自由に表現することができなくなりま
す。これにより、政府は、自己表現に利用できる選択肢を制限する狭い定義を
通して、対象者が認識する現実を再構成することが可能になる。これは、政党が
しばしば言論の選択肢を制限し、関係者全員の現実を再構成する選択肢を制
限するのと同様である。
彼らは言葉を使って二極化した思考を生み出し、性的接触を「性犯罪」と呼ぶな
ど、言葉自体の中に解釈の層を加えます。そのコインの裏側には、「ジョイキャン
プ」と名付けられた強制労働収容所があり、本来であれば否定的な経験である
はずの出来事に肯定的な特質を示唆しており、すべて服従を保証するように設
計されています。この戦術は、そのような目的で名付けられた政府部門にも適用
されます。愛省は法律を執行し刑罰を課す一方、平和省は戦争を仕掛け、真理
省はそれぞれの部門の宣伝部門として機能し、政府内での信頼を与えていま
す。

政府関係者が再構成戦略を有利に利用する例はたくさんあります。2016年の米
国大統領選挙中、ドナルド・トランプ候補が「フェイクニュース」を再定義して話

題になった。この呼称は通常、ソーシャルメディア上で虚偽の記事を広めるサイトに適用されるが、代わりに実際の主流ニュースソースを指すものである。実際のニュースソースをフェイクニュースとして改名することには、確かにニュースピーク的な意味合いがあった。政治的俳優が自分の側を美化したり、相手を中傷したりするキャッチフレーズやキャッチフレーズを使用するとき、彼らの修辞的操作の試みは、聴衆内の認知的選択肢を制限し、聴衆が利用できる認知的選択肢を制限しようとするプロパガンダ技術を利用していることになります。

これらのツールは人間関係や職場環境で何に使用できますか?神、悪魔、カリスマシリーズですでに例を見てきました。修辞的な選択によって、まだ語られていない答えが明らかになるかもしれません。

ソシオパス、サイコパス、ナルシスト、および同様の逸脱した人格タイプは、被害者との交渉で優位に立つために多くの言語戦術を使用します。彼らは、ターゲットをコントロールするために、ターゲットを混乱させたり、方向感覚を失わせたり、その他の方法で挫折させようとします。使用される戦術の1つは言語操作です。そのため、以前の議論から、これらの操作的な性格の典型的な言葉の選択と修辞的枠組みのいくつかを再検討する価値があるかもしれません。また、別の被害者に対して言語操作を使用する同様の人物に遭遇した場合に考えられる解決戦略について説明する際に、被害者が関与する実際の状況でこれらの戦術がどのように展開されるかにも焦点を当てます。これがどのようなものになるかを議論することに焦点を当てます。私たちは一般的に、これらの戦術が私たちすべての関係者に対してどれほど効果的であるかを議論します。
対人関係でよく使われるコミュニケーションテクニックは、ビジネスシーンにも応用できます。

ここから、ソシオパス(感情的に孤立した性格を持ち、他人に不利益をもたらすような冷静な自己利益の追求があり、相手が過剰反応していると非難することが多い)が状況について話し合うときに使用するキーワードのいくつかを理解することから始めてください。社会病質者もサイコパスも同様に、問題や状況から焦点を移し、被害者自身に負担を押し付けるためにこのようなフレーズをよく使います。その結果、面倒なことはそもそもそれほど大きな問題ではなかったと彼らに思い込ませます。。ソシオパスは、会話をすぐに終わらせ、ターゲットの感情を無効にするための効果的な手段として、この戦術を頻繁に使用します。無効化の別の形式には、被害者に自分たちがばかげていることを伝えることが含まれます。より暗黙の判断を伴う別の形式の拒否。あなたは間違っている、あるいは過剰反応しているだけではありません。あなたも非論理的な行動をしています。ほんの数言で多くのことが言えます。

サイコパスは、わずかに変更を加えた同様の戦術を使用します。サイコパスはあなたを「過剰分析」していると非難するかもしれません。これは状況をすぐに不安定にするために使用される効果的な戦略です。精神異常者は、ターゲットが発狂したり、ロッカーから外れたりする可能性があると示唆して、ターゲットを混乱させようとすることがよくあります。あなたがこうした試みに応じると、彼らは単に過剰分析の非難でそれを打ち消すでしょう。これらはすべて、あなたの仮定がすべてについて本当に正しかったのかどうか疑問を抱かせるように設計されています。精神異常者はあなたが「ドラマ」を作り出していると非難して撤退するかもしれません。繰り返しますが、この戦術は形勢を逆転するのに役立ちます。たとえあなたの不公平感が正当な場合でも、彼らはそれを現実と乖離したものとして再構成し、議論の一部として信用を傷つけようとします。精神異常者は、ますます普及している手法であるガスライティングの専門家です。これまでの手法はどちらもこの問題に触れています。しかし、完全にガスライティングを行うと、サイコパスは、あなたが言ったことを決して言っていないと主張するでしょう。サイコパスは複雑な行動が可能であることを考えると、私たちの誰もが望んでいる以上に、彼らはこれをうまくやり遂げることさえできるでしょう。
自分自身や他人を巧妙に騙して虚偽の発言を信じ込ませることは、被害者に衝撃を与え、自分自身の感覚、そしておそらくは正気さえも疑うように促すのに十分であることがよくあります。

ナルシシストは、「今までこんなことを感じたことはない」などのフレーズを使って、自分たちと被害者とのつながりを誇張しますが、同時にこれを将来のコントロールと被害者からの共依存的注意を確立するために利用します。この戦術は、被害者に自分自身について良い気分を与えるだけでなく、将来の関係におけるさらなるコントロールと共依存への単なるステップにすぎません。ナルシシストは、自分の弱点を最も近い人に投影し、物事が思い通りにならないときにこの戦術を使用することがよくあります。この場合、それはパートナーを偏執的または支配的であると非難することを意味する可能性があります。物事が計画どおりに進まないとき、彼らはパートナーに対するそのような非難を、自分に対するてこととして利用します。これは投影の一例です。ナルシシストは自分をコントロールし、偏執的になりがちです。これらの性質を他人に投影することで、パートナーを不安定にしながら自分自身の気分を良くする可能性があります。別の戦術は、この操作者が他の誰ともこの問題を経験したことがないことを示唆している可能性があります。これは、自分だけが責任を負うように再構成するのに役立ちます。

上記の各例では、修辞的リフレーミングには、議論をある方向に押し進めるのに役立つ言葉も組み込まれている場合があります。ばかばかしい、偏執的な、ドラマなどの言葉は、あなたが思っているよりも大きな重みを持っている可能性があります。頭ではそれが嘘だとわかっていても、実際に動揺しているのにドラマを作っていると非難されるのは、抵抗するのが難しいです。これらのテクニックを他のシナリオに拡張すると、効果的であることが証明されるはずです。職場で、これらの性格逸脱のいずれかをもつ従業員に対して正当な苦情を言った同僚やマネージャーは、その苦情が偏執的または微細管理的であるかのように再構成されたり、「私はこのような苦情をこれまで聞かずに何年もこの仕事をしてきた」と簡単に認識される可能性があります。したがって、彼らの苦情自体が問題である可能性があるとほのめかします。

これらは、ソシオパス、サイコパス、ナルシストが言語を使って操作する方法の典型的な例です。個々の言葉は話す人によって異なる場合がありますが。
どのような状況であっても、これらの例は、強力な個人がさまざまな状況で影響力を得るために言語ベースの戦略をどのように使用するかを明らかにします。
コミュニケーションはツールです
他のツールと同様に、コミュニケーションもさまざまな目的に使用できます。ハンマーの主な用途は1つあり、壁に釘を打ち込むことです。その爪の端は、釘を抜くという追加の機能を果たします。ツールのこれら2つの機能は連携して機能し、多くの場合、ツールの主な目的は建設プロジェクトです。ハンマーは破壊的に使用されることもあります。窓を割ったり、武器として誰かの頭に振りかざしたりすることもすべて考えられますが、本来の目的とは異なりますが、その機能は使用する人によって単に変更されています。

あたかもコミュニケーションがスペクトル上に存在するかのように、コミュニケーションがいつ操作に交差するのかを疑問に思う人もいるかもしれません。それは単にコミュニケーションの仕組みではありません。コミュニケーションは、一方向に進みすぎると自動的に操作に切り替わるのではなく、むしろ、影響を与えようとするツールとして機能します。あらゆる効果的なコミュニケーション、特に正式な対話は修辞ツールに依存します。自分自身に設定したコミュニケーション目標を達成するためにどれだけ多くの人を採用したとしても、それらを使用することであなたが操作者とみなされやすくなるわけではありません。ポジティブな目的や利他的な目的に向けた効果的なコミュニケーションは、まさに効果的です。ギリシャ人はこれを理解し、効果的な議論が真実の指標であると考えました。セールスマンや医師があなたの希望を尊重し、それを念頭に置いて行動するのであれば、彼らの議論は操作には当たりません。たとえ手術に対する恐怖にもかかわらず、救命手術を受けるよう説得されたとしても、それに対する彼らの主張が正直に提示されている限りは。

それでは、操作が程度に依存しない場合、コミュニケーションはいつ操作に移行するのでしょうか？答えは動機の中にあります。例としてハンマーを使用することにたとえます。他の目的で使用されると、それは攻撃的なツールまたは武器になります。コミュニケーションも同様に機能します。利用される技術やその使用の有効性が一定の閾値に達した時点では、操作は発生しません。むしろ、操作は、コミュニケーションの目標を損なうような議題を欺いたり、促進したりするために不当に使用されるときに発生します。コミュニケーションが効果的である場合もあれば、効果的でない場合もあります。同様に、操作も効果的です。単純にそれが効果的でない人もいますが、特定の聴衆はそれを認識することに熟達しています。路上で誰かが操作しようとしてあなたに近づき、反対することを説得できなかった場合は、ただ立ち去って避けてください。それは彼らが努力していなかったことを意味しますか？いいえ！詐欺師が取り組んでいたのは、率直なコミュニケーションや正直な説得ではなく、むしろ操作しようとしたが、惨めに失敗した。場合によっては、説得や操作に同じテクニックを使用する場合、変更する必要があるのは1つの変数、つまり話者の動機だけです。他の例では、テクニック自体が本質的に操作的である可能性があります。前のセクションで説明したようなものです。いかなる形の欺瞞や操作も本質的に操作的です。たとえあなたの意図が善意であったとしても、たとえ公正で効果的な戦術を用いたとしても、ある程度のレベルで操作を行っていることには変わりありません。場合によっては、実際に何らかの形でポジティブな結果を念頭に置いている場合もあります。しかし、あなたが平気で嘘をつくということは、隠された動機を明らかにしています。誤解を招く意欲自体、それ自体が隠された動機です。これは複雑になる可能性があるため、単純にしておきます。結果に対する動機と戦術が前向きで公正である場合、当社はあなたのコミュニケーションを説得として分類できます。あなたの願望が、ターゲットよりも自分自身を傷つけたり、前進させたりすることである場合、何らかの方法でコミュニケーションで誤解を招いたり、不公平なことをしたり、コミュニケーションで不公平なことをしたりすることである場合、それは操作として定義される閾値に達します。

第 2 章: 暗黒心理学入門

闇の心理学がどのように作用するのか、そしてあなたに対してその手口を説明する前に、まずこの形態の心理学が何を伴うのかを正確に理解することが重要です。心理学、つまり人間の心がどのように機能するかを理解することは、広告や金融、犯罪や宗教、さらには憎しみから愛に至るまで、日常生活に不可欠な部分を果たしています。このようにして、その原理を理解することが人間の影響力を超える大きな力を持つ理由が証明されました。

心理学は骨の折れる仕事である可能性があり、これがなぜほとんどの人がこのスキルを欠いているのかを説明しています。さまざまな原則をすべて学ぶ必要はありません。強固な基礎を築くために、これらのレッスンから始めてください。人々の気持ちを正確に読み、何が彼らを興奮させ、予期せぬ形で反応するかを理解することが重要です。それでも、完全に理解するためには、理解の範囲によっては、授業を受けたり、無数の本を読んだりする必要があるかもしれません。

では、なぜ心理学や人間心理を理解することがそれほど重要なのでしょうか?なぜなら、より詳しい人がその力をあなたに対して利用できるからです。

暗黒心理学は今日どのように使われていますか?

被害者に危害を加える目的で闇の心理戦術を使用する人もいますが、誰かをマイナスに操作することなくこれらの戦略を使用できる人もいます。これらの戦略の一部は、第一次世界大戦中に初めて普及しました。
無意識にまたは意図的に、私たちのツールボックスは次のようなさまざまな手段を通じて拡張されました。

* 子供の頃、あなたはおそらく大人、特に近くにいる人たちの振る舞いを観察していたと思います。

* 10代の頃、あなたの心は周囲の行動を理解するという点で拡張されました。

* 他の人が特定の戦術を利用し、適用して成功しているのを観察できました。

* 最初は、戦術の使用は偶然だったかもしれません。しかし、それらがあなたの望む目標を達成するために働き始めるとすぐに、それらはあなたの意図的な戦略の一部となるでしょう。

* 政治家、講演者、営業マンは、望ましい目標を達成するためにこれらの戦術の訓練を受けている可能性があります。

日常的に行われている闇の心理戦術

* 愛の氾濫: 愛の氾濫とは、人々を説得して自分の望む要求に従うよう仕向けるあらゆる形態を指します。たとえば、家に物を運ぶのに誰かの助けが必要な場合、愛情があふれると、相手は喜んで手助けをするようになり、従う確率が高まります。闇を操る者は、相手に愛着を感じさせたり、通常では行わないような行動を取るために、このように愛の洪水を利用する可能性があります。

* 嘘をつく: 嘘をつくことは、あなたが望むことを達成するために、被害者に虚偽の、または粉飾されたバージョンの出来事を提供することを指します。嘘には、望ましい結果を達成するために真実の一部だけを言ったり、誇張した主張をしたりすることが含まれる場合があります。

* 愛の否定: 被害者に、自分を操作する人に見捨てられた、喪失感を抱かせる操作の一種で、相手から望む結果が得られるまで愛情や愛情を差し控えることです。

* 撤退:これが発生すると、被害者は沈黙の治療を受けるか、他の人のニーズを満たすまで避けられます。

* 選択肢の制限: 操作者は、被害者が望まない選択をすることから注意をそらすために、被害者にいくつかの選択肢へのアクセスを許可する場合があります。

* 意味操作: この戦術では、操作者は一般的に理解されている定義を持つ単語を使用して、会話中に被害者を混乱させ、後でその単語を使用したときに別の意味で使用したことを明らかにします。多くの場合、これによりその定義全体が変更され、たとえ被害者がだまされたとしても、希望する会話が進行する可能性があります。

* 逆心理学: 逆心理学は、誰かを操作してある行動を実行させると、それが操作者が最初から望んでいたことであることを十分に承知していながら、別の行動をとらせるときに発生します。

誰が意図的に闇の戦術を使うのでしょうか?

さまざまな人々があなたに対して闇の心理戦術を利用する可能性があり、その中にはここで見つかったような戦術も含まれる可能性があります。これらの人々はあなたに対してこのような暗い戦術を使用しようとする可能性があるため、彼らのアプローチを認識し、それらから遠ざかる方法を学ぶことが重要です。考えられるソースには次のようなものがあります。

ナルシスト:自分の価値を誇張している人は、他人にも自分が優れていると信じてもらいたがります。この欲求を満たすために、彼らは、接触するすべての人から崇拝的な賞賛と見なされるものを獲得するために、説得と暗い心理学のテクニックを使用することがあります。
* ソシオパス: ソシオパスは、魅力的で、知的で、説得力のある特質という素晴らしい武器を持っています。しかし、彼らが望むものを得るために必要な場合にのみこのように行動します。連合主義とは、必要に応じて表面的な関係を築くことも含め、個人的な利益のために闇の心理テクニックを使用することに対して罪悪感を感じる感情が欠如していることを意味します。

* 政治家: 政治家は闇の心理学を利用して、有権者に自分の視点が正しいと信じ込ませることで自分を支持するよう影響を与えることができます。

* 営業担当者: すべての営業担当者があなたに対して卑劣な戦術を使用するわけではありません。しかし、販売数を達成することに熱心な人々は、人々を操作して利益を増やすために暗い説得を使用する可能性があります。

*リーダー: 闇の心理テクニックは、チームメンバー、部下、市民を操作して自分の意志に従わせるために、リーダーによって長い間使用されてきました。

* 利己的な人々: 利己的な人々は、周囲の人たちに何らかの影響を与えるかどうかに関係なく、他の人のニーズよりも自分のニーズを優先する個人として定義できます。彼らは、自分自身が利益を得るために、称賛されるべき場所で他人に称賛を与えることを心配しません。この状況が彼らに有利に働く限り、誰が損をするかは問題ではありませんが、誰かが悪影響を受けることになった場合、それは他の誰かではなく彼らである可能性が高くなります。

このリストは2つの重要な機能を果たします。まず、あなたを操作して、あなたがやりたくないことをさせようとする人たちに対する意識を高めるのに役立ちます。また、あなたから何かを得ようとしている人たちに注意を払うことで、自己実現を助けることもできます。
この本の重要な目的の1つは、暗い心理学から身を守り、自分自身を守るのに役立つことです。

精神的操作は、ソーシャル メディアや主流のコミュニケーション プラットフォームでよく聞かれる用語で、多くの場合、大規模な公共イベント、政治キャンペーン、広告戦略に関連して使われます。ほとんどの人は、「精神的操作」が何を指すのかを理解していますが、その定義と範囲については十分な知識が不足している可能性があります。

精神的操作には、他人の考えを形作り操作して、あなたが望んでいることを行うように影響を与えることが含まれます。操作者は、欺瞞的または非倫理的な手段を通じて他人に影響を与えます。

操作は一般に、ターゲットにある程度の力を与えることを意味します。つまり、操作者は、ターゲット自身の反対にもかかわらず、ターゲットに自分の望むことを強制しようとします。

さて、映画のように人々を洗脳するという場合、よく描かれるような誘拐や洗脳の手法を使うという意味ではありません。私が議論しているのは、自分たちがコントロールされていることに気づかずに、あることを他人に納得させるために使用される巧妙なテクニックや戦略についてです。

実際、マスターマニピュレーターは、人々が外部からの挑発によるものではなく、自分自身で行動しているかのように見せます。それでも、操作にはある程度の強制力が伴います。たとえば、テレビ局は、スポンサーの製品やサービスの購入を奨励するために、番組や広告の視聴を強制します。

ただし、この場合、強制は簡単に回避できます。

チャンネルを切り替えるだけです。しかし、プログラミングや広告は、そうしたくないように設計されています。

他の形式の操作は、より直接的なものになる可能性があります。政党や候補者は、「最良の候補者に投票する」「将来を大切にするなら誰々に投票する」などの行動喚起で自らを宣伝することがよくあります。このようなあからさまな説得の試みは、政治キャンペーン広告で頻繁に見られます。

そのため、本書の最初の部分では、一般的な操作形態の理解と認識に焦点を当てています。私は地球上の人間の心をコントロールしようとしているある種の秘密結社のことを言っているのではありません。むしろ、訓練を受けた人があなたの意見に影響を与えて、あなたを自分たちの議題に従わせようとするかもしれません。

彼らのテクニックを理解すれば、あなた自身やあなたの愛する人たちを外部の影響から守ることができるだけでなく、自分のアジェンダをうまく推進できるかもしれません。私は、誰かが外に出て、これらのテクニックを使って直接接触する人々に影響を与えることを推奨しているわけではありません。むしろ、必要に応じてこれらの戦術を使用して、人生で必要な優位性を自分に与えてください。

リラックス;私たちは今、並外れた冒険に乗り出そうとしています。だから、ただ座って旅に出てください。

第 3 章: 闇心理学はなぜ、そしてどのように今日使われているのか?

多くの人が悪意を持って闇心理戦術を使用しますが、他の人に害を及ぼさずにそれらを使用することもできます。これらのテクニックの一部は、次のようなさまざまな状況により、無意識にまたは意図的にツールボックスに追加されました。

子供の頃、あなたは周りの大人の行動や彼らがどのように相互作用するかを観察したでしょう。

* 10代の頃、あなたの心と周囲の行動を理解する能力はかなり研ぎ澄まされていました。

* 他の人が特定の戦術を使用し、成功裏に実行するのを観察できました。

* 最初は、特定の戦術の使用は意図的ではなかった可能性があります。しかし、あなたが望むものを手に入れるというそれらの価値が証明されると、それらはあなたの取引の意図的なツールになる可能性があります。

* 政治家、講演者、営業マンは、所望の目標を達成するためにこのようなテクニックを学ぶことがよくあります。

定期的に使用できる闇の心理戦術

* 愛の氾濫: 愛の氾濫には、お世辞を使って他の人を説得してあなたの要求に従うように説得することが含まれます。たとえば、家に物を運ぶのを他の人に手伝ってもらいたい場合、ラブフラディングを使用すると、そうしてくれる可能性が高まり、仕事が簡単になる可能性があります。闇を操る者は、ターゲットに対する影響力を得るために、このように愛の洪水を利用する可能性があります。
彼らに親近感を抱かせ、そうでなければ彼らがやらないかもしれないことをするよう説得します。

* 嘘をつく: 嘘をつくとは、自分が望んでいることを達成するために、他人に虚偽の情報や粉飾された情報を提供することです。たとえば、相手が望んでいることを達成するために、部分的な真実や誇張を話すことなどです。

* 愛の否定: 愛の否定は、被害者を操作者に見捨てられたと感じさせるため、壊滅的な影響を与える可能性があります。本質的に、これには、あなたが彼らに対して望んだことを達成するまで、愛情や愛情を差し控えることが含まれます。

* 撤退: この戦術が誰かに適用されると、その人は沈黙の扱いを受けるか、他の人がニーズを満たしてくれるまで避けられる可能性があります。

* 選択肢の制限: 操作者は、被害者が承認しない選択をすることから注意をそらすために、被害者にいくつかの選択肢を提供することがあります。

* 意味操作: この戦術は、会話の当事者間で広く受け入れられている定義を持つ単語を利用します。その後、被害者に、会話の中でその単語を使用したとき、別の意味で使用したことを伝えます。定義を変更すると、誰かをだまして自分の意志に屈させるにもかかわらず、対話が操作者の意図どおりに変化することがよくあります。

* 逆心理学: 誰かが、実際には異なる反応をすることを期待して、ある方法で行動するように指示されたのに、すべてが操作者の意図とは異なる結果になった場合。本質的に、逆心理学はその名前が示すとおり、操作者が望むように人々を行動させるために機能します。

誰が意図的に影の戦術を採用するのでしょうか?

あなたに対して恐喝をする人がたくさんいるかもしれません。あなたの生活のさまざまな側面に現れ、その存在を非常に危険にさらす可能性があります。闇の心理戦術を回避する方法を学ぶことが不可欠であり、そのような戦略を使用する個人の例としては次のようなものがあります。

*ナルシスト: このような人は自分自身について誇張された見方を持っていることが多く、この現実を他の人に納得させる必要があります。出会うすべての人から崇拝され、尊敬されたいという欲求を満たすために、これらのナルシストは、この最終目標を達成するために説得と闇の心理テクニックに頼ります。

*ソシオパス: ソシオパスは魅力、知性、説得力を持っていますが、それは自分が望むものを手に入れるためだけです。彼らには自分の行為に対する感情や後悔がまったくないため、自分の望むことを達成するために、表面的な人間関係を含む暗い心理学のテクニックを使用することは問題ではありません。

* 政治家: 闇の心理学を利用して、政治家は有権者に自分たちの視点の優位性を納得させ、自分たちに投票するよう説得することができます。

* 営業担当者: すべての営業担当者があなたに対して卑劣な戦術を使用するわけではありませんが、販売数を達成することに重点を置いている営業担当者は、他人を操作してより早く結果を得るために説得テクニックを使用する可能性があります。

＊リーダー: 闇の心理テクニックは、チームメンバー、部下、市民に影響を与えて望むことをさせるために、リーダーによって長い間使用されてきました。

＊利己的な人: 利己的な人には、他人のニーズよりも自分のニーズを優先する人が含まれます。こうした人々は通常、主に自分自身に利益をもたらす限り、どのような状況でも誰が得をするかなど気にしません。それが他の人の利益を少なくすることを意味するのであれば、それは問題ありません。しかし、どちらかが損をする場合、それは他の当事者ではなく自分たちである可能性が高くなります。
このリストは2つの機能を果たします。まず、あなたがやりたくないことをするようにあなたを操作しようとする人々にもっと気づくことができます。第二に、自己実現を助けることができます。この本の主な目的の1つは、マイナスの影響を考慮せずに、あなたに何かを求めている人たちを認識できるようにすることです。そうすれば闇の心理から身を守ることができます。

私たちの生活をコントロールしているのは誰か 社会における操作の長い歴史を観察するのは興味深いことです。説得について詳しく知ることで、説得に対処する準備が整います。

この章では、生活と商業に適用される操作について簡単に説明します。操作がどこに存在するのか、そして誰があなたを操作しようとしているのかを理解することで、私たちの日常生活における操作の蔓延を把握し、私たちを操作しようとする人物を特定することができます。操作する人全員が必ずしも悪意があるわけではありません。場合によっては、人は本当の自分に反して行動したり、自分でも気づかないうちに行動したりすることがあります。営利企業は、顧客に製品やサービスの購入を促すために説得テクニックを使用します。そのような戦術を認識することは、そのような戦術をより成功させるのに役立ちます。

私たちは個人として、人生において責任ある選択をしていると信じたいと思っています。残念ながら、常に完全にコントロールできるわけではありません。特に、私たちの育て方に直接の発言権を持たない親の影響を受ける子供たちはそうです。ひとたび教育制度に入ると、私たちはさらに操作されるようになります。教師は社会規範や社会における私たちへの期待について指導します。大人になってからは、自分たちの大義のために票を獲得したいと願う政治家からの操作にさらされやすくなるかもしれません。多くの人は、たとえそのすべての政策を支持していなくても、将来の約束に基づいて特定の政党に投票するよう説得されている。これにより、政治家は私たちの生活を左右する力を得ることができます。私たちは本当に責任を持っているのでしょうか、それとも単に説得されているのでしょうか?

この本の後半では、隠密および公然のさまざまな操作戦術を検討します。何より
もまず、自分がいつ操作されているかを認識し、それに対抗できるようにする必
要があります。専門家たちは、私たちのこの種の行動についての見解を提供し
てくれました。
操作技術を認識する

日常生活のどこに気を付けるべきでしょうか？

説得力のある言葉 その写真は千の物語を語ります。言葉は私たちにインスピ
レーションを与える上でさらに強い影響力を持ち、時には操作に至ることもあり
ます。あなたは、その劇的なスピーチがあなたを行動に駆り立てる雄弁家からイン
スピレーションを受けたことがありますか?そして言葉は、たとえ偉大な本の中に
完全に埋もれてしまったとしても、私たちに影響を与えます。言葉には、感覚が
違うことを告げていても、私たちに何かを信じ込ませる力があります。コミュニ
ケーションは、他の方法ではできないことを人々に実行するよう説得するときに、
強力な力として効果的に使用できます。

* 広告主や営業担当者は、自社の商品がまさに私たちが必要としているもので
あることを私たちに説得するために、次のような言葉を使います。

手頃な価格;便利;楽しい;時間を節約し、満足することを保証します。

これらの言葉すべてが、彼らが自社の製品やサービスに自信を持っているとい
かに信じているかに注目してください。

政治家はよく次のような言葉を使います。

「私たち」-あなたを彼らの世界に招待します。

私たちのチームの一員であると感じてください

これらのコミュニケーション戦略は、私たちが包摂されており、重要であると感じ
てもらうことを目的としています。

いじめっ子は、自分の個人的な目的を達成するために、言葉と攻撃的な行動の
両方を使います。

サイコパス、ソシオパス、ナルシストなどの犯罪者は、他人を支配する手段として
説得力のある言葉を使用します。心理操作については 6 つの理論があります。
1 認知バイアス理論は、1 つの潜在的な形式としてここで検討されました。

広く認識されるようになった説得に関するさまざまな心理的プロセスと理論があり、その 1 つは 1968 年のアンソニー グリーンウォルドの認知反応モデルであり、今日でも説得の要素を決定する上でその価値を証明しており、広告内で広く使用されています。

グリーンウォルドは、説得の成功を決めるのは言葉ではなく、むしろ感情であると提案しています。私たちがどれだけ簡単に説得できるかについては、言葉よりも感情の方が大きな役割を果たします。

内面の考えには、個人の性格に応じて、ポジティブな側面もネガティブな側面も含まれます。これは学習プロセスではなく、誰かがすでにメッセージを好意的な認識（認知）で見ているか、それとも好ましくない認識（認知）で見ているかということです。

説得者は、反論に効果的に対処し、ターゲットが反論を展開するのに十分な時間を与えないようにするために、専門知識に頼らなければなりません。さらに、説得者は、成功率を高めるために、積極的な議論がより容易に現れるように奨励する必要があります。これにより、「説得効果」が高まります。

ターゲットが何を言おうとしているのかを事前に警告されている場合、説得はより困難になります。これにより、あなたの「メッセージ」が彼らが現在信じていることに反する場合に、反論を展開することができます。1977 年にリチャード E. ペティによって行われた研究は、この点を証明しました。それは、ある出来事について通知された生徒は、事前に警告されなかった生徒よりも納得する可能性が低いことを示しました。
2 互恵性
私たちの説得に対する感受性を説明するのに役立つよく研究された理論は、社会的慣習に基づいた返報性の法則の中にあります。誰かがあなたに好意を寄せたり、あなたに良いことをしてくれたりすると、あなたは何らかの形や方法で好意を返すことでお返しをしなければならないと感じる可能性が高くなります。

無意識のうちに、互恵性も働いているのかもしれません。気づかないうちに、誰かがあなたに何かをしてくれて、義務を感じたからといって、誰かから要求されたことをしたり好意を抱いたりすることに同意するかもしれません。たとえ彼らの要求が通常ならあなたにノーと言うであろうとしても。

企業は売上を増やそうとするときにこの戦術に頼ることがよくあります。企業は、無料サンプルや期間限定の試用版を提供することで、顧客が恩返しをして購入または契約を更新する義務があると感じてもらいたいと考えています。

互恵性は十分に確立された心理プロセスです。これは適応的な行動であり、過去であれば生存の可能性を高めていたでしょう。他の人を助けることで、いつか彼らがあなたを助けてくれる可能性が高まります。しかし、互恵主義にはマイナス面もあります。誰かが私たちを不当に扱うと、復讐をしたいという本能が私たちを駆り立てることもあります。

学術研究は返報性の法則を強く裏付けています。Burger et al (2009) は、要求者が過去に好意を示した場合、参加者が要求に同意する可能性がどのように高くなるかを実証した研究を実施しました。

情報操作手法3

欺瞞は、マニピュレーターのツールボックスに含まれる主要なツールの 1 つです。これには、被害者の考え方のバランスを崩し、脆弱な状態にするために、不完全な情報や誤解を招く情報を被害者に提供することが含まれます。操作には、説得者や操作者として意図的なボディランゲージを使用することも含まれます。
マコーナックの理論では、真実の発言を定義する 4 つの格率が列挙されています。これらから逸脱すると、メッセージは意図的に欺瞞的なものになります。これらの格言には次のようなものがあります。

量
量とは、提示される情報の「量」を指します。私たちのほとんどは、提供されるデータが多すぎたり少なすぎたりすることなく、受信者がメッセージを完全に理解できるように、ちょうど十分なデータを提供するよう努めています。少なすぎると混乱が生じる可能性があります。多すぎると圧倒される可能性があります。しかし、操作者は、自分の主張に反する可能性がある場合、無関係であると考える特定の部分を省略することでその量をいじることがあり、この行為は「省略による嘘をつく」として知られています。

品質とは、与えられた情報の正確さを指します。真のコミュニケーションを実現することは高品質とみなされます。そうしないと、受信者はマニピュレーターの力を得るために意図的に誤解したり、あからさまな嘘を聞いたりすることになります。

関係
ここでは、メッセージに対する情報の「関連性」について説明します。厄介な質問を回避したり、自分の弱点を曖昧にしたりするために、操作者はしばしば、本当に議論する必要があることから注意をそらしたり、誤った方向に向けたりするために、誤解を招く話題で主題を変更します。あるいは、聞き手に対して大きな力を与える何かを過度に強調することもあります。

マナー メッセージを伝える際のマナー。不可欠な要素はボディランゲージです。私たちは話を聞くときに抑揚や表情を読み取りますが、それは彼らの議題を強調する目的で、メッセージの表現を誤解させるために誇張される場合があります。

誰かを操作したり説得したりするために嘘をつくことは何も新しいことではありません。しかし、今日のグローバル化した環境では、その力はますます強力になっています。ソーシャル メディアのコミュニケーション プラットフォームでは、2 人の個人間の直接の対面接触が常に行われるわけではないため、操作者がそのような形式の通信で情報を偽ったり、虚偽を捏造したりすることが容易になります。

すべての操作が必ずしも否定的なものであるとは限りません。私たちは時々、自分自身で適切な決定を下すための助けが必要になります。これがナッジ理論が役立つところです。そのポジティブな強化システムは、変化のための小さなナッジに依存しています。

スキナーの研究、または行動主義は、この理論がいかに役立つかを示しています。行動主義は、ポジティブな強化として報酬を提供することで、個人を誘惑して、あなたが望んでいることに従って行動することができます。

この例では、ナッジがどのように顧客に 2 番目に高い価格の商品の購入をさらに後押しするかを示しています。すべてはレストラン経営者の利益のためです。顧客には、このさらなる後押しが与えられました。

ナッジ理論は非常に効果的な経済戦略となり得ます。しかし、その応用は経済学をはるかに超えて、行動の変化を促し、個人の選択を形成するために拡張されており、受け入れられている社会規範さえもこの技術を通じて変更することができます。

ナッジは非常に効果的な戦略であったため、英国政府は 2010 年に政策策定を支援するため、一般にナッジ ユニットとして知られる省行動洞察チームを設立しました。

「ナッジ」を利用することには明らかな利点がいくつかありますが、心理的操作を使用すると個人の市民的自由が侵害される可能性があります。

5 社会的操作戦略
心理的操作は、政治家や権力者が自らの利益を促進するために頻繁に使用する操作の 1 つです。最悪の場合、心理操作は社会的統制の一形態として機能し、個性を剥奪し、同時に人々に与えられたものを強制的に受け入れさせます。ただし、そのポジティブな用途には、たとえば健康や幸福の改善などが含まれます。

社会的操作を行う権力者は、重要な問題を逸らすために気を散らす手法を使用する可能性があります。彼らは、自分たちの提案は自分たちだけでなく、家族全体とその将来にも利益をもたらすように設計されていると主張するでしょう。彼らとの違いはすべて間違っていて利己的であるとみなされるでしょう。この種の説得は個人をほとんど子供のように扱います。その目標は、間違っていることはすべて自分の責任であると皆に信じ込ませることであり、唯一の解決策はよりよく知っている専門家の指導に耳を傾けることにあります。

このような政治戦略には、ある社会問題に注目を集めながら、他の問題を隠蔽することが含まれるだろう。この戦術は、社会不安と民衆のパニックを引き起こすことを目的としています。社会に不安を生み出すことで、人々は改善のための変化を要求し始めるでしょう。そのため、医療の問題を隠蔽するために、ある部門が犯罪予防予算を削減して犯罪統計を急増させ、犯罪問題の解決方法を自分たちが最もよく知っていると国民に納得させるための情報を流す可能性がある。政治家は自分たちの真実や事実を広めることによってプロパガンダを行います。これらは常に正確である場合もあれば、必ずしも正確であるとは限りません。場合によっては、統計のような誇張された情報さえも、望ましい効果を達成するために悪用される可能性があります。社会的操作が望ましい結果を実現するまでには何年もかかります。

心理的操作は社会的影響力の一部であり、私たち全員をある程度は社会的な操り人形にします。私たちのほとんどは、気づかないうちに心理操作を行っています。

社会から期待されているように、社会の不調和な混乱を避けるためにその基準に準拠し、従うことは私たちの責任です。
あなたが最も購入したいガジェットやホームセンターの製品は何なのか、少し考えてみましょう。それは、友人や近所の人に勧められたもの、またはオンラインで紹介されているもので、もっと欲しくなるものですか?社会的操作もこのように機能します。私たちは警戒心が緩んでいると簡単に他人に説得されてしまいます。それを良いと見るか悪いと見るかは完全に個人の視点に依存します。

前述したように、社会的操作のすべてが悪いわけではありません。実際、それは良い結果をもたらす可能性さえあります。「操作」という言葉からは、悪徳者が人を自分の意のままに曲げるイメージがあるかもしれませんが、正しく使えば社会全体を助けることができます。社会的操作の好例としては、健康専門家が私たちにもっと果物や野菜を食べるように勧めたり(「1日5個キャンペーン」)、あるいは喫煙をやめるキャンペーンが挙げられ、これにより喫煙者数が減り、喫煙関連疾患の発生率も低下した。このような戦術は、最も優れた強制の効果的な形態を構成します。

6 ガスライティング
ガスライティングは最も残酷な操作方法です。それは、人々に疑いの種を植えることによって、その人の正気と自尊心に疑問を投げかけようとする試みであり、最終的にはそれらを真実として信じるようになるまで、繰り返される嘘を餌として使用することがよくあります。

ガスライティングは、ある人が他の人に自分自身を疑わせ、自分自身への自信を完全に失わせ、敵対的な存在による完全な精神的衰弱と征服につながる非人道的な操作の形態です。ガスライターは、ターゲットに矛盾したり、常に間違っていると示唆したりすることで常にターゲットを弱体化させ、時には自分自身が嘘をついたと非難することもあります。これは、外部の人間による横暴な支配下に完全に組み込まれる前に、自尊心を低下させることを目的とした行動です。抑圧者そのもの。それが起こると、彼らは抑圧者の横暴な存在に服従するようになり、最終的には外部からの横暴な影響力に屈するまで従順になります。ガスライターは見返りに自分たちに対する権力を求め、最終的には横暴な主人の下で犠牲者になります。
インフルエンサー操作は、虐待的な個人関係でよく見られる精神的虐待の一形態です。インフルエンサーは、被害者自身との間に起こった過去の出来事を否定して被害者の記憶に疑問を抱かせるために、さまざまなテクニックを使います。

ガスライティングが完全に効果を発揮するには時間と労力がかかります。マニピュレーターは長期間にわたって被害者を疲弊させ、今度は自分自身の正気を疑うようになります。

ジョージ・サイモン博士はテキサス大学の臨床心理学者です。悲惨な性格を持つ人々、特にサイコパスについての研究で、彼の発見は、特定のタイプの性格は操作に非常に熟練しているという結論に導きました。彼らは嘘と攻撃的な言葉を使って被害者の心に疑いを植え付け、最終的にターゲットは自分自身への信頼を失い、操作者の言うことを信じ、最終的にはターゲットを支配下に置きました。

第 4 章: 暗い場所で使用されるテクニック

心理学の秘密
ほとんどの心理テクニックは、闇の心理学と白人の心理学の両方に応用できます。それらの有用性は、それらを使用する人の意図によって異なります。

この章では、違法な目的に使用されるさまざまな心理テクニックを見ていきます。
暗い説得
説得はこれまでで最も頻繁に使用される心理テクニックであり、白人の心理学でよく利用されます。私たちのほぼ全員が、一度は説得をその規律の一部として利用したことがあります。しかし、闇の心理操作の効果的な方法として説得を採用している人はほとんどいません。

ダークの説得をさらに深く掘り下げる前に、まずその中核的なコンポーネントについて考えてみましょう。

説得とは何ですか?説得とは、望ましい結果を達成するために、個人の態度や行動を動機付け、影響を与え、または変化させるような方法で、説得力のある議論を使用する心理的実践です。

説得のヒント 説得を成功させるためにマスターしなければならない、いくつかの重要な説得戦略を以下に示します。

専門家のアドバイスを得るために調査する

思想的リーダーになる - 他の人の考えを導き、模範を示すこと。

宣言的なステートメントと積極性を使用して、自信を持ってください。

嫌味をできるだけ減らします。

合理的なように聞こえ、微妙な反応に応じた反応を監視します。要求するのではなく、積極的に耳を傾け、提案する。積極的に観察する。感情的に賢くなる

説得戦術
基本的かつ重要な説得戦術をいくつか紹介します。

あなたが関わっている人の名前を使用してください。

個人的につながり、信頼関係を築きます。

人間関係を発展させ、相互関係への扉を開く

やる気を起こさせる言葉を使用する 柔軟かつ適応力を持ってください - 各ターゲットに個別に適応します (包括的なアプローチではありません)。NLP のミラーリングおよびマッチング技術を利用します。

バンドワゴン効果をうまく利用する

説得する相手の注意を引くために、不足感を与えることで、彼らの間に不確実性を生み出します。

意図的なギャップ（情報ギャップ）によってサスペンスを生み出します。

「フット・イン・ザ・ドア」戦略を適用します。小さなリクエストを作成すると、その後の大きなリクエストにさらに多くのドアが開きます。

説得しようとしている相手に自分の提案の価値を強調することが、その価値を説得する際の鍵となります。なぜなら、人は誰しも無意識のうちに「それが自分にとって何の役に立つのか？」と自問するからです。

mes バンドワゴン効果
バンドワゴン効果は、人々のグループがその群衆または人々のグループ内の個々のメンバーに与えることができる集合的な影響として説明できます。

以下に、バンドワゴン効果の主な特徴をいくつか示します。

集団心理 - 他人に従うことが成功につながると説得されると、人は同調する傾向があります 社会的証明 - 人は最も人気のある大義と思われるものに従う傾向があります

否定的な社会的証拠（ポイ捨て、伐採、性的行為、過食、喫煙など）を非難することは、実際にそれを助長する可能性があります。たとえば、欠勤が15％から20％に増加していることを批判することは、欠勤していない従業員の大多数（80％以上）に注目し、欠勤したままの少数の腐ったリンゴは他の従業員に比べて取るに足らないものであると議論することによって、積極的な社会的証明を強化する必要があります。何を強調し、さらに削減すべきか。

欺くこと

欺瞞とは、あらかじめ定められた目標や期待に従って行動するよう他の個人を説得する目的で、意見を隠蔽したり、信用を傷つけたり、助長したりするために、虚偽のことを隠蔽したり、誤って伝えたり、推進しようとするあらゆる行為と定義できます。

欺瞞には、現実の不正確な表現を伝えるために外観を操作することが含まれます。

欺瞞の本質は隠蔽にあります。一般的な欺瞞手法には次のようなものがあります。

プロパガンダには虚偽の情報を真実や事実として広めることが含まれますが、カモフラージュには物事の本当の性質が隠蔽されます。一例として、ある地域に侵入するために慈善活動を隠れ蓑として利用することが考えられます。

ふりとは、分身を演じることを指します。たとえば、罪を犯しているのに無実のふりをする、完全に健康だと感じているのに病気のふりをする、実際には何か重要なことを祝っているのに悲しみのふりをするなどです。

神秘化 - 情報を差し控えたり、超自然的に見える方法で行動したりすることで、超自然的なオーラを作り出し、信念を抱く傾向のある人々にとって自分自身を魅力的にします。

手品師、魔術師、俳優は、個人的な目的を達成するために、人々の注意を自分自身からあなたにそらし、あなたに有利になるように注意をそらすために、この戦術をよく使います。この戦術は、コンサートなどの公の場で成果を上げようとする場合にも有効です。

欺瞞の種類
欺瞞には２つの主な形式があります。

委託による嘘（ディシミュレーション）- 積極的な欺瞞の形態です。委託を受けて嘘をつく人は、自分の利益のために重要な事実を意図的に変更することによって、直接欺いたり、嘘をついたりします。

シミュレーションまたは省略 (省略による嘘) - シミュレーションの嘘は、欺瞞に従事する誰かが重要な事実を直接変更しない、間接的な形式の欺瞞です。むしろ、だまされている人の意思決定を変える可能性のあるものを隠します。

だまし絵

騙し行為は、他の詐欺行為と同様、個人的な利益のために被害者からさらに利益を得ようとします。騙し行為には、個人的または不正な利益のために被害者を悪用する前に、被害者を罠にはめる罠や餌を設置することが含まれます。

教化
教化とは、独立した批判的調査の機会を与えずに、誰かに信念を教え込むプロセスを指します。

教化に使用される戦略:

暗記トレーニング - 祈りの間にマントラを繰り返したり、祈りの間に数珠を数えたりするなど、繰り返しの行動を通じて人々の記憶に情報を刻み込むこの実践は、暗記トレーニングとして知られています。

肯定を行うように訓練された人々は、特定の発言を肯定する言葉を言うように指示され、それによってそれらの発言が真実であるかのような印象を与えます。

真実と事実の妨害 - この戦術は、洗脳されている人々が「悪魔的」とみなされる書籍などの真実や事実の情報源にアクセスするのを阻止しようとします。そのような本を読むと悪夢を経験したり、吸血鬼の霊が訪問したりするだろうと警告するなど、恐怖心理学のテクニックも使用される場合があります。

告白 - 私たちは皆、罪に満ちた過去を持っています。私たちがしたことで後悔することがあるかもしれません。教化戦術の１つは、人々に自白を強要することです。ひとたび告白すると、その道徳的権威は教化者の前で低下し、教化への服従の道に彼らを導きます。

隔離 - 隔離の主な目的は、誰かを教化を不可能またはさらに困難にする影響から遠ざけ、家族、社会、または通常の関係から完全に切り離すことです。したがって、被害者は家族、社会、通常の人間関係から切り離され、信頼できる第三者からこれらの主張について別の意見を得ることなく、教化者の言うことを何でも信じてしまう可能性があります。信頼できる第三者の視点から真実や事実を客観的に評価できない場合、孤立は一種の妨害としても機能します。

有罪の賦課 - 有罪の賦課は自白の強要に似ています。しかし、罪の押し付けには、不正行為を発見する方法を見つけ、その行為を利用して被害者に罪を課す教化者によって被害者の心に罪悪感を植え付けることが含まれます。強制自白と同様に、この戦術の主な目的は有罪を押し付けることです。
自白は被害者の道徳的立場を損ない、心理的に服従するよう圧力をかける可能性があります。

恐怖症の押し付け - 心理的恐怖は、教化者の教化技術によって植え付けられる可能性があります。被害者は、自分たちの影響力の範囲外で活動することがますます困難になっていると感じています。恐怖症誘発の例 保険会社は、潜在的な顧客が愛する人の生命や財産に保険をかけないことを選択した場合に発生する可能性のある潜在的なリスクを誇張することで、潜在的な顧客に対して恐怖を誘発する戦術を使用しますが、政府は保険契約を押し通すためにしばしば恐怖を植え付けることに頼ります。議題。

儀式は人の心理に消えない痕跡を残しており、これがなぜ非常に多くの伝統、宗教、カルト、政治組織、市民団体が儀式を実践の要素として採用しているのかを説明しています。儀式は、戦争が始まる前だけでなく、祈りや埋葬の前にも行われることがあります。これらの儀式は、教化者によって推進されている可能性のあるあらゆる命題に対する感受性を高めます。

誘発された依存 - マニピュレーターは、犠牲者、たとえば貧困をその運命から救うふりをする前に、貧困を永続させる帝国主義者や植民地主義者に対して優位に立つことを望む関係において、この戦術をよく使用します。彼らは、依存を高め、被害者を搾取しやすくすることを目的とした条件を含む条件付きの援助や助成金を提供する場合があります。この意図的な貧困化は、そのような極度の貧困につながることも、これほど寛大な援助や助成金をもたらすこともなかったはずであるため、これが依存を誘発します。結婚相手は、不安定なパートナーに、パートナーを依存させるような条件を作り出すことを許すことがよくあります。不安定な夫は彼女をさらに依存させる可能性があります。
妻が職を失うと、不安定な夫は失業中の配偶者を経済的に自立させる主な源となるため、より簡単にコントロールし、操作することができます。経済的自立が欠けているため、彼女は夫の命令に影響されやすくなります。

罰 - インセンティブシステムを作成し、罰としてテスト/試験を提供することにより、教化プログラムに合格した人はそれに応じて罰せられます。

教化の特徴

当然のことながら、教化は私たちの生活のほとんどの側面に浸透しており、家庭（親や教師による）、学校（教師による）、公共生活（政治家や政府による）などで行われます。

以下に、教化ツールの重要な特性をいくつか示します。

教化の源としての恐怖、独断主義、原理主義、認知的閉鎖、認識された剥奪
教化にはさまざまな秘密および公然の情報源が存在する可能性があります。一般的に明らかな情報源をいくつか示します。

宗教施設、学校および教育機関

メディアに関する保護者向けガイド (メインストリーム、オルタナティブ メディア、ソーシャル ネットワーキング サイト)。

政治家
結婚相手の洗脳「洗脳」という用語は、誰かに頼まれたり、進んで受け入れられたりすることなく、新しい信念を支持して、自分の既存の古い信念をシステムから追い出すプロセスを指します。洗脳は同意なしに行われます。

洗脳にはさまざまな形があります。それは時には微妙で無意識的なものであり、またある時には暴力的です。暴力的な例の 1 つは、十字軍やジハード中の強制改宗です。このような場合の被害者は、何が起こっているのかを認識していますが、死などのより大きな被害を避けるための効果的な対処メカニズムとしてそれを受け入れています。

暴力的な洗脳は通常、過激派カルトや犯罪組織内で行われ、被害者は逃げ道を失って閉じ込められていることに気づきます。

暴力的な洗脳の潜在的な被害者には次のような人がいます。

捕虜 (特に戦争捕虜)

捕らわれの奴隷
誘拐被害者を奴隷として販売
不法滞在者 巧妙な洗脳は、被害者が気づかないうちに行われることがよくあります。ここで、加害者は、より簡単に説得できる、影響を受けやすい被害者に目を向けます。さらに、こうした弱い立場にある被害者は、通常、悲惨な状況に置かれており、達成を望む心理的な空白を生じさせます。

以下は、無意識のうちに洗脳の被害者となる可能性のある例です。

あなたは原因不明の慢性疾患を抱えていませんか?「はい」の場合は、これをお読みください。

家を出て一人暮らしをする未成年者は、通常、遠方に住んでいます。

職を失い、精神的に苦しんでいる人々は深い絶望の中にあります。

離婚や死によって愛する人を失うことは、壊滅的な苦痛を伴うことがあります。

洗脳の一般的な手順

以下は、洗脳者が被害者を洗脳しようとするときに通常実行する手順の一部です。

1. 隔離
2. 自尊心の征服への攻撃
テスト5 ラブボミング
洗脳者は、家族や親しいサークルのメンバーが被害者に何が起こっているのかをすぐに特定して、被害者を救出できることを理解しているため、被害者を転覆させるために最初にとるステップは、家族や友人などの身近な人から被害者を隔離することです。。

たとえば、カルトの指導者は、親しい家族や友人の否定的な意見を被害者に植え付け、エネルギーを奪い、人々を慢性疾患にするサイキック・ヴァンパイアなどによって彼らに対して使用される洗脳戦術の結果として、自分自身と愛する
人々の間に分裂を引き起こす可能性があります。被害者は病気と絶望のためにそのような洗脳戦術に屈する可能性があり、最終的には洗脳から完全に救ってくれたかもしれない誰かから自分自身を孤立させることになります。

自尊心への攻撃 自信のなさや自尊心の低さに苦しんでいる被害者は洗脳されやすいため、洗脳者は自尊心を攻撃することでこの状態を達成しようとします。

洗脳者は、被害者の自尊心を損なうために、次のようなさまざまな戦略を採用します。

言葉による虐待や身体的虐待 - 被害者の人間性を剥奪し、被害者の価値観を損なうための暴力的な洗脳手法によく利用されます。

睡眠不足 - 十分な休息がとれないと、意識の低下により心理的プレッシャーにさらされやすくなります。十分な認識がなければ、すぐに眠りにつくためにただ平和と静けさを求める疲れ果てた人にとって、洗脳指示は容易になります。

脅迫 - 脅迫は、罰や罰そのものの脅しなどによって、洗脳者が自らの意志なしに誰かを強制的に服従させるために使用する多くのテクニックの１つです。

恥ずかしさ - この戦略は、潜在的な被害者が隠しておきたい不愉快な秘密を抱えている場合に利用できます。たとえば、さまざまな手段を使ってそのような個人にヌード写真を入手したり、不倫を誘発したりすることができます。洗脳者がこれらの資料を入手すると、この資料について何も公表せず、ターゲットに代わっ

て不道徳な行為を示す一般化された用語を使用して、被害者を巧妙に当惑させ始めます。被害者は、これらの手がかりがどこにつながるのかを理解しているため、洗脳者がこれらの恥ずかしい内容を暴露するのを阻止し、被害者を洗脳するために必要な優位性を与えようと決意します。洗脳シナリオの例には、被害者に自分の価値や自尊心を損なう儀式を強制し、さらに洗脳者に服従させることが含まれます。時間が経つと、被害者はストックホルム症候群を発症し、反撃する代わりに洗脳者を支援するようになる場合があります。
洗脳者を守る(これは無意識のうちに彼らの「秘密」を守ることを意味します)

洗脳者は、被害者を征服するために、基本的な必需品の配給などの欠乏の創出を利用し、個人が命令に従って行動した場合にのみそれらを解放します。洗脳は被害者を完全に支配下に置き、完全に服従させることを目的としています。

以下は、討伐に使用されるいくつかの戦術です。

私たち対彼らによる極度の虐待
愛の爆弾 極度の虐待行為 被害者は極度の虐待を受ける。多くの場合、感情的および心理的虐待が行われますが、身体的虐待は暴力的な洗脳目的にのみ使用され、巧妙な洗脳技術は使用されません。

私たち対彼ら
被害者は洗脳者と社会全体のどちらを取るかの選択を迫られます。この被害者に逃げるチャンスはありません。

洗脳された対象者は、まだ「彼ら」、つまり外の世界についての考えを抱いている被害者を紹介します。被害者が洗脳対象である「私たち」と一緒に留まることを考えようとする試みは、被害者が洗脳に参加して「彼ら」を捨てる決心をするまで、深刻な虐待につながるでしょう。

テストまたは評価、
検査は、被害者が自らの選択をし、もはや「彼ら」に加わることを望んでいないかどうかを確認するために行われ、同時に被害者の服従レベルも検査されます。

秘密管理の下、被害者は特定の日に戻ることを条件に「彼ら」(一般住民)の中に解放され、「私たち」(洗脳集団)の中に戻ることを選択するかどうかを秘密裏に監視される。

被害者が戻りたくない場合は、誘拐されて私たちの元に戻され、悪循環が再び始まります。

被害者が自発的に戻ってきた場合は、ラブボミングとして知られる第 2 段階に進みます。

ほとんどの被害者は社会に戻るのが大変だと感じており、失われたものを再建するよりも故郷に戻ることを好みます。

ラブボミング 被害者が洗脳に成功したことがテストで証明されると、被害者を参加させるためにラブボミングテクニックが利用される場合があります。

愛の爆弾には、賞賛、主題の順序での昇進、受け取った贈り物などが含まれる場合があります。
暗い誘惑「暗い誘惑」とは、個人に対して暗い操作戦術を使用して、一方の当事者の私利のみを満足させ、関係するどちらの側にも具体的な利益をもたらさない関係に個人を誘導するように設計された心理的ツールの使用を指します。

不謹慎な誘惑者は、自分自身の欲望を満たすために、被害者の欲望を利用します。

誘惑は異性と関連付けられることが多いですが、同性の誰か、さらには非性的であると自認する人さえも関係する可能性があります。

暗い誘惑には性行為だけが関係するわけではありません。むしろ、特定の目標を達成するために性的刺激を利用します。

性的刺激により、被害者は論理的かつ合理的ではなくなり、操作されやすくなります。

以下に、暗い誘惑のいくつかのテクニックを示します。

ラブボミングには、明示的に要求されるかどうかにかかわらず、挑発的な表現や決まり文句をギフトとして他の人に送信することが含まれます。
ダークセダクションの主な目的は、個人の原始的なアイデンティティに訴え、抗カテキシスを減らすことです。したがって、超自我から脱却し、快楽主義が存在するイドに降りることを奨励します。

このイドの状態を強化し、超自我や反カテキシスのあらゆる証拠を除去するために、被害者に対して性的な行為や報酬が使用される場合があります。

多くの場合、教化と洗脳は、人の超自我を解体するのに役立ちます。しかし、催眠術はこの目的のための強力なテクニックとして使用されます。つまり、相手の心をオープンな状態に引き込み、あなたが与えるどんな提案でも説得できるようにするのです。

催眠術にかかっている人は、眠って歩いている人に似ています。彼らの意識は、外部ソースからの信号を取り入れずに歩くことに特別に集中するようになります。

催眠状態にある間、人は外部ソースから意識的に参照を引き出すことはできず、暗示からのみ参照することになります。彼らの心は、通常であれば内部に侵入する外部信号を通さない、侵入不可能な泡の中に閉じ込められるため、周辺意識は減少するか完全に消失します。

催眠誘導
催眠誘導には、催眠を誘導するための指示や提案を誰かに与えることが含まれます。

催眠術の主な特徴:
1 つのオブジェクトまたはアイデアに集中した注意が集中する 周辺の意識から孤立する

暗示に対する受容性の向上 白催眠と闇催眠の主な違いは、催眠術師の意図にあります。闇催眠は、催眠内からのポジティブな暗示を通じて対象者が自分自身を向上させるのを助けるのではなく、私利私欲のために対象者を利用することを目的としています。

ホワイト催眠術は、トラウマ的または有害な意識状態を、催眠状態から迅速かつ首尾よく抜け出すのを助けることによって軽減することを目的としています。催眠療法は白人催眠の主な形式であると考えられており、治療催眠と呼ばれることがよくあります。

催眠療法
催眠療法は、医療従事者が治療目的で使用する白人催眠誘導の一種です。主な目標は、心理的、感情的、さらには肉体的なトラウマからの治癒を助けることです。

催眠療法は、患者が不快感の原因から距離を置くのを助け、その結果、痛みに対する敏感さを軽減することで、痛みを軽減する効果的な方法として使用できます。

催眠術に関する事実: 催眠術は自発的なものである 子供は大人よりも催眠術にかかりやすい

15%の人が催眠術にかかりやすいと言われています。

10%の人が催眠術にかかるのはまれです。

空想しやすい人は、暗い催眠誘導に引き込まれやすくなります。さらに、これは悪影響をもたらす可能性があります。

闇の催眠誘導の犠牲者は数多くいます。一般的な原因は次のとおりです。

催眠術がかかりすぎて、所有物を催眠術師に喜んで渡してしまう

強盗のために故意にドアを開けるように催眠術をかけられていますか?

あなたは催眠術をかけられて、誘拐犯を喜んで巣穴まで追いかけていますか?もしあなたがそうであれば、催眠術をかけられて彼らの後を追って彼らの巣穴に入るのは、ある種の誘拐や虐待につながる可能性が高いでしょう。

第 5 章: 操作技術を認識する

操作を理解することは長い間生活の一部でした。説得がスキルとして長い間実践されてきたことは驚くべきことではありません。その影響に効果的に対処したいのであれば、その本質が何であるかを認識することが不可欠です。

この章では、操作の心理学を簡単に振り返り、それが私たちの生活のどこに存在するのか、そして誰が私たちを搾取しようとしているのかをよりよく理解します。また、私たちが気づかないうちに私たちに影響を与えようとする人々を特定するのにも役立ちます。たとえば、上司が従業員に通常の性格や行動に反する行動を奨励する場合があります。商業が巧妙な説得テクニックをどのように使用しているかを学ぶことは、その蔓延する力と戦うのに役立ちます。

私たちの社会は、私たちが自分自身を合理的な選択ができる独立した個人であるとみなすことを奨励しています。しかし、人生の決断に関しては、私たちは常に完全にコントロールできるわけではありません。子供は親の影響を大きく受け、自分が育てられた過程をコントロールできないことがよくあります。ひとたび教育制度に入ると、私たちはさらに操作されるようになります。教師は私たちに社会規範や社会における期待についてすべて教えてくれます。その後、大人になった私たちは、票を求める政治家に惹かれます。多くの人は、たとえその政策を信じていなくても、将来の約束に惹かれて特定の政党に投票するよう説得されている。これにより、政治家は私たちの生活に直接影響を与えることができる権限が与えられます。私たちは本当にコントロールできているのでしょうか、それとも単に巧みな説得技術を持つ人々によって操作されているだけなのでしょうか？
この本の後半では、公然および非公然のさまざまな操作方法に対処する方法について説明します。まず第一に、いつ自分が操作されているかを認識して、それに対抗できるようにする必要があります。この目的のために、私たちの中に存在するこの種の行動について専門家が何を言っているかも調べます。
操作されていると感じていますか?

私たちは日常生活でどのようなことに気をつけなければなりませんか？

説得力のある言葉 絵は百聞は一見に如かずですが、言葉は動機付け、励まし、説得に使用するとより効果的になります。カリスマ弁論者からインスピレーションを受け、その大胆なスピーチでインスピレーションを受け、行動に移すことができたときのことを思い出してみてください。あるいは、別の物語を語る言葉が書かれた素晴らしい本に完全に夢中になったとき。言語は、他の人に何かを説得するときに効果的に使用すると、非常に強力な力になります。コミュニケーションは、人々の行動を変えようとしたり、何かについて考えを変えさせようとしたりするときに、非常に大きな資産となります。
心理操作理論 1 認知的

説得を取り巻く心理的プロセスと理論はよく知られています。1968 年にアンソニー グリーンウォルドによって開発されたそのような理論の 1 つは、認知反応モデルです。40 年以上前に作成されましたが、その原則は今日でも有効であり、広告やその他の形式の説得で広く使用されています。

グリーンウォルドは次のように示唆しました: 説得の成功を本当に決定するのは、言葉ではなく、受け手の感情、内なる独白、そしてメッセージを好意的な考えか不利な考え(認知)で見るかどうかです。このプロセスには、新しい内容を学習する必要はありませんが、誰かが多かれ少なかれ影響を与えやすい方法でそれをすでに見ているかどうかによって決まります。

説得者は、説得の努力に対して生じる反論を克服するために、説得者としてのスキルに頼らなければなりません。ターゲットが自分の反論を組み立てるのに十分な時間を与えられないようにする必要があり、前向きな議論が前面に出てくるよう促し、「説得効果」が成功する可能性が高くなります。

意図したターゲットが何が予想されるかを事前に警告されており、直観に反しているように見えるものに対して自分の議論を準備する時間が与えられている場合、説得はより困難になります。リチャード E. ペティは、1977 年に事前警告の重要性を実証する研究を実施しました。特定の出来事について通知を受けた学生は、事前通知のなかった学生に比べて納得する可能性が低いということでした。

互恵性
返報性の法則は、私たちの説得に対する感受性について、もう 1 つの興味深い説明を提供します。それは社会的慣習に依存しています。誰かがあなたに好意を示したり、あなたに良いものを提供したりすると、あなたは何らかの形でその好意を返さなければならないと感じる可能性が高くなります。

無意識のうちに返報性の法則が発生することがあります。たとえその要求が通常あなたの能力の範囲外であっても、ある時点でその人があなたに何か良いことをしてくれたという理由で、自分でも気付かないうちに、誰かのために何か行動をしたり好意を寄せたりすることに同意することがあります。義務を感じることには利点さえあるかもしれません。

販売手法を使用する企業は、より多くの販売を促進するために一般的にこの戦術を採用します。企業は、顧客が自社の製品を購入したり、契約を継続したりすることで恩返しをする義務があると感じてもらうことを期待して、無料サンプルや期間限定の試用版を提供します。

互恵性は確立された心理プロセスと適応行動であり、歴史を通して私たちの生存の可能性を高めます。他の人を助けると、見返りとして助けが得られる可能性が高まりますが、相互主義には望ましくない副作用が生じる可能性があります。たとえば、誰かがあなたに危害を加えた場合、相互主義によってその人に対する復讐的な反応が促される可能性があります。

学術研究は返報性の法則を裏付けています。Burger et al (2009) は、参加者は過去に好意を寄せてくれた人からのリクエストに同意する可能性が高いことを発見しました。

情報操作ステップ 3

欺瞞は、マニピュレーターが採用する主な戦略の 1 つです。この戦略には、被害者の思考パターンを変え、被害者の影響を受けやすくするために、限られた混乱を招く情報を被害者に提供することが含まれます。欺瞞には、誰かを説得し操作するために意図的なボディランゲージを使用することも含まれる場合があります。
マコーナックら。(1992) は、操作プロセスを支援するためにメッセージが改ざんされる可能性があるさまざまな方法に焦点を当てた研究を実施しました。マコーナックの理論は、真実の発言を支配する 4 つの格率に基づいています。違反があった場合、そのメッセージは意図的な欺瞞として解釈されます。それらには次のものが含まれます。
数量情報「数量」とは、配布される量を指します。私たちのほとんどは、受信者がメッセージを理解できるように十分なデータを提供しようと努めています。少なすぎても多すぎても混乱を引き起こすことはありません。しかし、操作者は、自分の議論に無関係であると思われる特定の部分を保留したり、議論を損なうと感じる情報を保留したりすることで、その量をいじることがあります。この行為は「省略による嘘」として知られています。

品質とは、提供される情報の正確さを指します。真実のコミュニケーションは高品質ですが、私たちがこの原則に違反すると、受信者は意図的な不真実を聞き、操作者に他の人を支配する力を与えます。

関連性 ここでは、メッセージに関連する情報の「関連性」を指します。気まずい質問をそらしたり、不快な議論を回避したりするために、操作者は自分の利益のために話題をすり替えることがよくあります。それは、自分自身の中にある弱点を隠すため、または聞き手に対してより大きな力を与える何かを強調するためです。

提供方法 プレゼンテーションは、「提供」方法によって決まります。これにはボディランゲージが重要な役割を果たします。話を聞いていると、抑揚や表情によってメッセージがどこから来たのかがわかります。操作者は、これらの特徴を誇張して、自分たちのメッセージが自分たちの議題を強調していると聞き手に巧妙に誤解させる可能性があります。

欺瞞によって他者を意図的に操作したり説得したりすることは、新しい戦術ではありません。しかし、その使用法は今日の社会において特に強力になっています。
オンラインやソーシャル メディアのコミュニケーションでは、必ずしも対面でのコミュニケーションが必要なわけではないため、情報操作者が誤解を広めたり、情報を誇張したりすることが容易になります。マニピュレーターは、そのような形式のコミュニケーションを使用して繁栄する可能性があります。

4 ナッジ すべての操作が有害であるわけではありません。時には、長期的に自分自身に利益をもたらす決定を下すための助けが必要です。この目標を達成するには、ナッジ理論が特に役立ちます。さまざまな「ナッジ」を通じて少量ずつ穏やかに後押しすることで、ポジティブな強化を拡大します。

スキナーの研究、または行動主義は、この理論がいかに有用であるかを示しています。この理論は、望ましい行動に対して報酬という形でポジティブな強化を提供することで、人々を望ましい方向に導くことができます。

「ナッジ」の一例をここで見ることができます。高価な商品を追加することは逆効果のように見えるかもしれませんが、その結果、実際には 2 番目に高価な商品の売上が増加し、顧客がその商品を購入するよう後押しされ、すべてレストラン経営者とその収益の利益になります。

リチャード・セイラーはナッジ理論の「父」として広く考えられており、行動経済学への多大な貢献によりノーベル経済学賞を受賞しました。ナッジ理論は、ポジティブな強化または「ナッジ」を提供します。

ナッジ理論は非常に効果的な経済理論となり得ます。しかし、その応用は経済学をはるかに超えて、行動の変化を促し、個人の選択に影響を与えたり、受け入れられている社会規範をそのように変更したりします。

ナッジが非常に成功したことが証明されたため、2010 年に英国政府は政策策定を専門とする省行動洞察チーム (一般にナッジ ユニットと呼ばれる) を設立しました。

「ナッジ」は社会全体にとって明らかな利点をもたらしますが、人々に影響を与えるためにそのような心理的手法を使用することは、個人の市民的自由を侵害する可能性があります。

5. 社会的操作
心理操作とも呼ばれる社会操作は、政治家やその他の権力者が個人的な利益のために利用することがあります。最悪の形では、個人の権利を奪い、与えられたものを大衆に強制的に受け入れることによって、社会的統制の一形態として機能します。しかし、社会的操作は、個人の健康や幸福の問題を改善するために使用される場合には、積極的に使用される可能性があります。

社会的操作を行う人は、重要な問題から目をそらすために気を散らすテクニックを使います。彼らの提案はおそらくあなたの家族とその将来を含むすべての人に利益をもたらすでしょう。異なる意見は間違っていて利己的です。この種の説得は個人を子供のように扱います。このシステムは、うまくいかなかったすべてのことは自分たちの責任であると群衆に納得させようとします。そのため、解決策を見つけるために専門家からのアドバイスが来たら、注意深く耳を傾けてください。

このような政治戦略は、国民の間に社会不安とパニックを引き起こし、彼らが求める変化をもたらすために、ある社会問題を前面に出し、別の社会問題を隠蔽することになる。そのような例の1つは、ある部門が犯罪予防予算を削減し、それによって犯罪統計が急激に増加することで医療問題を隠蔽したい場合です。その後、情報は政治家によって犯罪問題の解決策にフィードバックされ、常に正確であるとは限らない真実や事実（つまり統計の誤用）が広められます。
社会的操作は、望ましい結果が現れるまでに何年もかかる可能性があります。

心理的操作は社会的影響力の不可欠な要素です。コミュニケーション研究のプレストン・ニー教授は、一方が相手の弱点を認識した上で、意図的に力の不均衡を引き起こし、個人的な利益のために被害者を利用するというこのテクニックについて概説した記事をサイコロジー・トゥデイに発表した。

これでは私たち全員が社会的な操り人形になってしまうのでしょうか？ある程度。私たちのほとんどは、社会内の無政府状態を避けるために、期待に従い、順応します。

どの製品またはガジェットを最も購入したいかについて少し考えてください。友人がそれを提案しましたか、またはすでに所有していますか？他の人がすでに所有しているもの、またはオンラインで宣伝されているのを見たものである可能性が高く、さらに欲しくなってしまいます。これは単なる社会操作の別の形式です。

油断すると簡単に説得されてしまいます。それが良いか悪いかは人それぞれの判断です。

社会的操作は必ずしも悪を意味するわけではありません。社会的操作は適切に利用すれば、実際に社会全体に利益をもたらすことができます。たとえば、「1日5回キャンペーン」などのキャンペーンを通じて、より多くの果物や野菜を摂取するよう私たちに説得しようとする保健専門家の取り組みや、喫煙数を減らして病気関連のリスクを低下させる禁煙キャンペーンさえも、強制が成功した例である。最高の戦術。

ガスライティング - 最も残酷な操作形態
自分が誤った情報を与えられていると知っているなどの原則は、最終的にはそれが真実として受け入れられることにつながります。

ガスライティングは非倫理的な操作です。ガスライターは被害者に自分自身を疑い、自信をまったく失わせ、最終的にはさらに自分自身を疑うように導きます。これは彼らの自尊心が失われ、計り知れない苦しみにつながります。ガスライティングはターゲットを不安定にし、心理的な大混乱を引き起こすことを目的としています。操作者は、ターゲットを矛盾させたり、自分たちが常に間違っていると信じ込ませたりすることで、常にターゲットを貶めます。時には、自分自身についての嘘をでっち上げたと非難されるまで、彼らをこの道に導きます。これが、被害者がまったく自信を失う理由です。一度これが起こると、彼らは横暴なインフルエンサーによって完全にコントロールされます - これは虐待的な個人関係でよく見られる精神的虐待の一例です - 被害者に自分自身を疑わせ、被害者が過去のやり取りで言ったことややったことを覚えているすべてに疑問を抱かせる試みが絶え間なく行われます。インフルエンサー。最終的には、被害者に対して使用されるこれらのテクニックによって、その影響力のある人物との過去のやり取りですでに言われたことや行われたことさえも疑わせることで、記憶自体に疑問が投げかけられます。

ガスライティングは完全に効果を発揮するまでに時間がかかります。加害者は被害者を徐々に疲弊させ、最終的には自分の正気を疑い、操作が行われているのではないかと疑うようになります。

ジョージ・サイモン博士はテキサス大学の臨床心理学者で、問題のある性格を持つ人々を研究してきました。研究の結果、彼は特定の人格、特にサイコパスは操作に熟達しているという信念に至りました。被害者の心に疑問を投げかけ、被害者に自分自身を疑わせ、最終的には操作者が正しいと信じ込ませるために、事実を歪曲し、攻撃的な言葉を使用する。最終的には、彼または彼女の制御下で脆弱なターゲットになります。

ガスライティングは個人に限定されません。政治団体によっても利用されてきました。モーリーン・ダウドは、この戦術を使用する作家兼コラムニストの一人です。

彼女は、ヒラリー・クリントン政権が敵対者に対してガスライティング手法を使用したと主張した。反対派政党のニュート・ギングリッチは、これらの手法によって頻繁にヒステリックに見えるように仕向けられていた。ジャーナリストや心理学者も、ドナルド・トランプ氏が大統領選挙運動中と在任中の両方でそのような手法を使用したと信じている。たとえば、彼らは、後でそれを撤回したり、言ったことさえ否定したりする前に、彼がどのくらい頻繁に何かを言ったかに注目します。彼らはこれを古典的なガス照明技術として分類しています。

あなたのパートナーはあなたを騙し、操作しています

個人的な関係の中で現れた操作の例をいくつか見てみましょう。おそらく、あなたは自分の中にこれらの特徴のいくつかを認識できるでしょうか?

マニピュレータは制御に執着する傾向があります。彼らが持つ力が強ければ強いほど、被害者に深く食い込んでいきます。

彼らは、覗き見やスパイ行為、または大胆な公然行動などの行為を通じて、他人の個人的な境界を侵害します。これを可能にするために、電話やコンピューターなどの個人的なものを所有することは許可されません。知らないうちにパスワードが盗まれる可能性もあります。一方で、何らかの形で個人的な空間が侵害された場合、彼らは自分の境界線を厳しく守ります。

あなたが自分のソーシャル サークルにアクセスするのを阻止するなど、その人だけに属するものを共有することを誰かが拒否した場合、特定の友人との接触をブロックするなどの強制的な措置が発生することがあります。最初は、彼らはこれらの知人に対する嫌悪感を明らかにしますが、心の中では彼らを潜在的な脅威と見なしています。嫉妬は当然のことであり、攻撃的になることさえあるかもしれません。

相談せずに決めてしまうと、相手は満足しません。彼らはあなたに自由意志を行使することを望んでいません。そうしないと、いつか彼らから離れることになるかもしれません。

コントロールはアドバイスの形でももたらされます。ただし、それを受け入れる選択肢はあまりありません。彼らはあなたに何をすべきか、どのように行動すべきかを指示しています。

操作パートナーは、あなたの毎日のスケジュールを徹底的に知りたがる傾向があり、それから逸脱すると、さらに調査するよう促される可能性があります。彼らを

驚かせるようなことがあれば、彼らは間違いなくそれについて質問し、尋問するでしょう。

彼らは、あなたに対する自分たちの権力を主張する手段として、あなたが公の場で言うことを何でも批判し、あなたの意見や考えを軽視することが多いことに注意してください。

こういった人たちはすぐにあなたを批判するだけでなく、あなたが嘘をついていたり、記憶力が悪いと非難したりすることがよくあります。時には、あなたをマニピュレーターと呼ぶ勇気さえあります。

マニピュレーターの制御に決して満足することはできません。ゴールポストに到達したと思ったら、彼らは再びゴールポストを移動させてしまい、自分たちの関係が正確にどの位置にあるのかがわからなくなってしまいます。

あなたは虐待的な関係にありますか?間違いなく、操作者の関係はおそらく不幸なものになるでしょう。操縦者は予測不可能な傾向があり、ルールに違反すると突然暴力的になる可能性があります。

虐待的な関係から抜け出すのは決して簡単ではありませんが、助けとなるリソースはあります。安全が確保できたら、虐待パートナーの被害者をサポートする地元の組織をオンラインで検索します。操作者にとってプライベートなものは何も残らないため、閲覧履歴も削除してください。最初はストレスを感じますが、必要な助けをすぐに求めなければなりません。
あなたの友達はあなたを利用して、あなたを操作して自分の行動を起こさせようとしています。

新しい環境で絆を築くのは難しいことであることは間違いなく、時にはこのプロセスが威圧的または敵対的であるとさえ感じることがあります。しかし、これが起こると、人々はしばしば水を得た魚のように感じます。これらの疎外感は決して無視されるべきではありません。私たちは皆、人生において友人を必要としています。友人を引き寄せる方法を学ぶことは、すべての人が持つ必須のスキルとみなされるべきです。人間は本質的に社交的な動物であり、他者との交流を求めます。このルールには例外がほとんどありません。

友達の選択 - どのような友達が欲しいかについて理想的なプロフィールを作成します。

友達には大きく分けて 3 つのカテゴリがあります。

私の知人（友人）にこんにちは、そして別れを告げます。

仕事などの共通の環境で出会った人は、その日会うときに挨拶と別れの挨拶をするなど、ほぼ自動的に友達になる傾向があります。しかし、いったんこの共有スペースの外に出ると、これらの友人（実際には知り合いにすぎない可能性があります）がこれらのやり取りを超えて関与し続けることはほとんどありません。彼らのことを知り、必要なときにいつでも彼らのスキルを利用できるのは良いことですが、彼らは必ずしも真の同盟者に数えられるわけではありません（ギリシャ人は、真の友情は片手でしか数えられないと信じています。心に留めておいてください！）。

飲み友達、ゴルフ仲間、買い物仲間など、人生には楽しい友達が行き来します。彼らは、自分自身も人生を楽しんでおり、よく笑い、お互いと一緒に時間を過ごすことに喜びを感じているため、人生を楽しくするものをあなたと共有します。そのような友人たちは必ずしも人生の意味や気候変動の現実について長い会話をするわけではありませんが、時間をかけて形成されるこうした緩やかな社会的つながりは、かけがえのない仲間になります。
誰もが楽しいことが好きなので、機会があれば、みんなで楽しい経験をします。ただし、あなたとの関係の深さという点ではほとんどありません。

ソウルフレンズ
これらは午前 3 時に電話をかける友達です。午前 3 時に睡眠を妨げても、準備ができていて喜んで話してくれると期待できる友達です。ロードトリップ中にこれらの人々がそばにいれば、ルート 66 に到達するまでに殺し合うことはありません。

長く有意義な会話、秘密の共有、相互サポートがこれらの友情を定義します。どんなに長くてもあなたのそばにいてくれる人は、真のソウルメイトです。あなたが彼らの親切に親切に応えている間、これらの人々はあなたを親密に理解しています。生まれてから死ぬまでずっとそこにいる友人もいれば、途中で出会う友人もいます。これらの友情が、時間の経過とともに薄れていく友情や平均的な友人と異なるのは、その関係の深さです。ソウルフレンドを見つけるのは難しいですが、再び会うと、まったく時間が経っていないかのように感じることがあります。お互いのことをよく知っているので、中断したところから再開できます。まるで運命が彼らがあなたの友人になるようにあらかじめ定めていたかのように。ソウルメイトは私たちのアイデンティティと私たちの人生で何が重要かを反映しています。さらに、彼らは私たちが誰であるかを正確に知っているので、あなたが誰かを必要とするときにそこにいます。

本当の友情を築くには時間がかかります。

本当の友情は一夜にして成り立つものではありません。時間が経つにつれて、関係者間の真の化学反応を通じて、永続的で親密な友情が形成されます。ロマンチックな関係と同様に、真の友情は、関係する双方に直接語りかける、同じ基本的な化学交換に依存しています。それは、双方に直接語りかける内なる歌のようなものです。これらの絆はそれ自体で形成されるものではなく、むしろ既存の現実として存在し、それを認識してそれに基づいて行動するため、それが本物であることがわかります。本当のソウルフレンドがあなたの人生に初めて登場したとき、その影響は否定できません。すぐにつながりを持てる人は、（存在するだけでなく）自分にとってふさわしい人であることがすぐにわかります。ソウルフレンドは、肉体的であれ精神的であれ、人生が終わるまであなたの人生において非常に貴重な役割を果たすことができます。私たちは彼らがそこにいることを知っており、いつでも電話に出て電話をかければ、彼らがチャットする準備ができていることを確認できることを知っています。これらの友達は本当に人生を生きる価値のあるものにしてくれます!それが彼らを特別であり、信じられないほど不可欠なものにしているのです。

私たちの魂の友人を一目で認識するのは簡単ですが、世界はそれを困難にすることがよくあります。しかし、ソウルフレンドは一度形成されると、私たちの文化の不信にもかかわらず粘り強く残ります。彼らはあなたを探すことをあきらめず、努力をやめません。やがて、あなたの間の絆は破壊できなくなり、生涯の同盟者となるでしょう。

新しい知り合いを作るのが上手になる方法は次のとおりです。

考えすぎていませんか
誰かと会うのが気まずく感じたのに、会って 2 分ほど経つと、すぐに安心できるようになったという経験はありませんか?新しい人に出会っても、その人の性格や行動については何の手がかりも得られないことを忘れないでください。したがって、すべてを過剰に分析するのは無駄ではないでしょうか？

そして、繰り返しますが、新しい人に会うのは怖いだろうと決めつけることは、その瞬間にあなたを怖がらせるだけであり、新しい人に会うことがあなたが嫌いなもの、またはまったく嫌いなものに変わってしまう可能性があります。私たちが人に対して内気な感情を抱くとき、ほとんどの場合、それは生涯続く有意義な関係を築くのを妨げる恐れによるものです。他人との悪い経験は、この成長プロセスを大きく妨げます。したがって、できるだけ早く、この恐ろしい会議の幻想から抜け出すことが重要です。この傾向に対抗し、有意義な絆を確実に形成するには、人と会うことについて恐れたり、警戒したり、まったく嫌いになるという思い込みを放棄する必要があります。この概念を捨てて、意味のある長く続く絆を形成する準備ができているようにしてください。一生。したがって、誰かに会うと警戒心が強くなったり、忌まわしい出会いが起こるという幻想を払拭することが最善でしょう。通常、私たちは誰か（または起こっている出会い）に対して気まずさや恥ずかしさを感じるこのルートに導きます。人生は私たちを孤立した個々のサイロに閉じ込め、それが私たちを疑い深くし、人生を困難にし、永続的なつながりを築こうとすると何十年もかかることがあります。ここでの解決策は、誰かに会うことで、その人や誰かとの出会いが新しくなるというこの通説を捨て去ることにあります。代わりに、誰かに会うということは、その人が会うのを完全に恐れることを意味する、新しい誰かに会うということは、何かをすることを意味するという考えを自分自身から捨ててみるということです。…
見知らぬ人に会うのは気が遠くなるかもしれないので、最初の会話にどのようにアプローチするかについて考えすぎるのはやめてください。人生を豊かにする有意義なつながりを築く方法。これらの重要な関係を考えすぎると、人間が本来持つべき真の方法や永続的な方法で互いにつながることが決してなく、孤独で孤立した人間のままになる可能性があります。

相手があなたと会うことに緊張しているかどうかは誰にも分かりません。この不確実な時代に、私たちのほとんどはお互いに対して不信感を感じており、会う人が本物の動機や意図を持って会っているのかと疑問に思っています。おそらくそうするでしょう。個人間の信頼関係が失われています。

リラックスして、最初の出会いのポジティブなイメージを心の中に作りましょう。健康を表現したもの。残念なことに、多くの人があなたを一目見ただけで不当に判断するかもしれません。誰もが、知る価値のあるものについての文化的な思い込みを持ち続けています。あなたもそうかもしれません。他人に自分を開き、宇宙とつながってもらうための鍵は、自分自身を開き、物事が有機的に展開するようにすることです。これは驚くほどうまくいきます。持つ価値のある友人は、表面的な特徴だけに基づいて判断するのは賢明ではないことを知っています。恐怖は私たちの心の中にだけ存在します - 取り除きましょう！先入観や恐れを脇に置き、代わりに自分の直感を信じて、人の気持ちを効果的に読みましょう。自分自身と自分の知識を信頼してください。あなたは、人々のマナー、発話パターン、そしてその人が実際に誰であるかを明らかにする非言語的指標を読み取ることで、その人が正直であるかどうかを認識できるように、人々について十分に学びました。自分自身を信頼し、自分自身に頼ってください。恐れることは何もありません。疑いやためらいは必要ありません。

これで、あなたは社会的交流に真っ先に飛び込み、同じ考えを持つ人を友達として見つける準備が整いました。社会心理学の実践から新たに得たスキルにより、検索がはるかに簡単になるはずです。
誰が悪いのか、誰が良いのかをすぐに判断します。大きくて悪いオオカミはまだ存在するかもしれませんが、あなたは社会的に熟練した有能な個人になっています。誰かがあなたの目の毛を引っ張るのにだまされる可能性はもうありません。あなたの新しい知識により、出会った人々の中で誰があなたの本当の友達になり得るかを簡単に識別できるようになります。ここではもう推測する必要はありません。これでコツは理解できました。

自分のペースで移動
長期間社会的接触から遠ざかっていた場合、(セミナーやパーティーなどで)再び社会的接触を始めるときに、新しい人と会うのが気が遠くなるかもしれません。自分のペースで行う ただし、今後のイベントに参加することがわかっている友人や知人を探し、参加する前に会うことで、そのジレンマを回避できます。そうすることで、社交的な状況に戻るときに安心できます。イベントに到着する頃には、あなたの不安はかなり軽減されているはずです。誰かがそこにいるとわかっていれば、あなたを他の人に紹介してくれるかもしれませんし、友人はあなたが感じている緊張を察知してサポートしてくれる可能性があります。知り合いに助けを求めることを躊躇しないでください。友達はそのためにいるのです！この本を通して私たちが発見したように、彼らは非常に貴重なサポートを提供します。

孤立した後、社会生活を再確立したいと考えていますか?移行を容易にするための効果的なソリューションをいくつか紹介します。

まずは知人に連絡を取ることから始めましょう。「こんにちは、さようなら」はリスクを最小限に抑えた簡単な最初のステップです。

すでにいる友人の小グループを含めて社交の輪を広げます。単に人々がどのように関係するかを観察するためです。威圧感や威圧感を感じることなく、グループで人々の周りにいる習慣を取り戻すこと。威圧的である必要はありません。物事をゆっくりと考えてください。
友達が新しい人と一緒に参加する会議に参加して、社交の輪を広げましょう。あなたが再び活発な社会生活を送りたいと聞いたら、ほとんどの人は喜んで協力してくれるでしょう。

快適ゾーンの外に出て、いつもの知り合いの輪の外にいる人々と交流するための誘いに応じてください。一番甘い果物は端にあると言われているので、外に出てみましょう！自分自身や他の人についても同様に学びながら、新しい人々との新しい経験を楽しみましょう。なぜ人々は、自分と同じくらい魅力的で知的な人に出会いたいと思わないのでしょうか?

積極的に交流しましょう！新しい人に会うために積極的なアプローチをとりましょう。

社会的接触を再開することに慣れ、他人から孤立していると感じなくなると、新しく知った人だけでなく、すでに知っている人を積極的に探すことができます。友人や知人は社会的なつながりの基礎となりますが、次のような馴染みのない分野にもさらに手を広げるべきです。

趣味やその他の興味を共有するグループに参加してください。

登録して、ワークショップに参加したり、興味を共有するワークショップや学習コースなど、興味のある学習コースを受講したりできます。メンバー全員が共通の目標を共有するこのようなグループでは、友達を作るのは簡単です。

ボランティアに参加すると、その過程で新しい友達を作りながら奉仕を楽しむことができるでしょう。それだけでなく、ボランティア活動は、磨きたいと思っていたスキルや適性を開発するのに最適な方法です。ワークショップやグループと同様、興味を共有することでボランティア グループのメンバー間に共通の絆が生まれます。ボランティア活動も同様です。
誕生日パーティー、社交行事、その他つながりを持ちたい人々が集まる集まりへの招待を受け入れます。会いたい人が前に出てくるのを妨げる可能性のある障壁をすべて打ち破ってください。

同じような興味を持つ人々との社交イベントや「交流会」に参加しましょう。さらに、定期的にバーに行くのも効果があるかもしれません。どこにでも、ただ話して面白い人を探している人がいます。もしかしたら、あなたと同じように、彼らも孤立や社会的停滞から抜け出す方法を望んでいるかもしれません。自分の視野を広げる責任があるのはあなただけです。他の誰もあなたの代わりに視野を広げてくれません。

オンライン コミュニティに参加しましょう。これらは仮想的なものかもしれませんが、私は個人的な経験から、現実世界の友情につながる可能性があることを知っています。たとえば、私は Facebook やその他のオンライン コミュニティを通じて、現実世界の多くの友人に会いました。自分の考えを書面で共有すると、口頭で伝えるよりも簡単にコミュニケーションできる場合があります。これは、最初の会議を超えて続く永続的なつながりを促進するのに役立つ可能性があります。さらに、実際に会う前に、新しい友達になりそうな人の文体を分析することができます。

率先して行動する
人々があなたに近づいてくるのを待つ必要はありません。結局のところ、彼らもあなたと同じように控えめなのかもしれません。家族以外の誰かを知って生まれてくる人はいません。それでも、人との出会いには当たり外れがあることがよくあります。「お元気ですか」「どこから来たのですか」などの簡単な質問を使って人々にアプローチするだけです。周りの人に対してオープンになると、人々があなたにどれだけ簡単に心を開いてくれるかが驚くほど変わります。

見知らぬ人との間の氷を解こうとしているので、話しすぎないように注意してください。フレンドリーではありますが、押し付けがましくなく、他の人がすぐに反応しなくてもイライラしないでください。可能な限り、相手の立場に立ってください。この本から得た教訓を活用して、彼らの立場を評価し、そこで彼らと向き合ってください。他人を判断するときは優しくしてください。誰もがいつか他の人を判断します。双方の参加者が相互の啓示を期待できるような、個人間の対話に時間をかけてください。

批判的になる誘惑を拒否してください。

完璧な人は誰もいません - そしてそれはあなたも含まれます。人間の本性として、私たちはその人を知る前に非常に厳しく評価してしまいます。これは私たちの生存本能から来ており、私たちに危険をもたらす可能性のある人を避けるように指示します。しかし現代人は、自分が仲間に求めるものと一致しない人を見分ける非言語スキルなど、より効果的なツールを自由に使えるようになりました。

出会う人々に対してオープンであり続けることは、他の人のスタイル、外見、態度をより受け入れるのに役立つため、より深い友情への入り口となります。些細な癖を理由に人々を拒否しないことが、私たちの輪に入ることができる人をより受け入れるようになるための鍵です - それが秘訣です!時には、最もありそうでなかった人が、時間が経つにつれて私たちの本当の友達になることがあります。誰もが友情を求めていますが、人生を一緒に過ごす友人を選ぶ前に、自分自身の基準を満たしているかどうかを常に自問する必要があります。この本を通して繰り返し述べてきたように、自分自身を知ることは他人を知るための鍵です。彼らのせいで友達になりそうな人を無視する前に、自分自身の課題に対処することを忘れないでください。

第 6 章: 感情操作のメカニズムを理解する

人間は感情的な生き物であり、論理や合理性をほとんど考慮せず、論理や推論能力よりも感情に基づいて意思決定を行うようになります。それはメディアの報道にも反映されています。多くの場合、放送されたときに視聴者から同様の反応を引き起こす可能性のある、感情的な偏見を伴う事件を描写または報告します。

人々が説得力にどのように反応するかを理解する上で重要な要素は、感情の中にあります。感情は、目の前のあらゆるタスクを完了できるようにする豊富なエネルギーを提供します。セールスさえも、プレゼンテーション中に生じる感情的な刺激によって決まります。物事をどれだけ論理的に提示できるかは問題ではありません。最終的には、それらのトーク中に引き起こされた反応により、見込み客はあなたの製品を購入する必要があります。

一方、論理は事実と数字に依存します。それが、当面の問題の背後にある論理的根拠と推論です。製品やサービスを販売する際にロジックのみに依存する営業担当者にとっては残念です。彼らの哲学が感情にもっと依存していれば、販売はより容易に成功するでしょう。

人間は理性的な存在だと思いますか?どのような論理に基づいて決定や意見が形成されますか?人間は常に提示される事実に応じて反応が異なりますか?これらはすべて、感情と論理がどのように相互作用し、他の人間にポジティブな影響を与えるのかについて洞察を得るために、探究心を抱く人にとって不可欠な質問です。
論理的な情報を感情的に伝える能力は、感情的な共鳴を伴わずに単に事実と論理を伝えるだけでなく、必然的に聞き手から肯定的な反応が得られない場合よりも、聴衆により多くの反応を引き出すことができます。理性は人を説得し、感情は人を動かして、大きな結果をもたらす決定的な行動をとらせます。

感情と論理を組み合わせて他人に影響を与えることができるいくつかの方法を見てみましょう。

他者との共通のアイデンティティを確立する

人々をコントロールする 1 つの方法は、信頼関係を築き、可能な限り共通点を見つけることです。よく使われる慣用句に、「もつれには二人が必要」という言葉があります。つまり、誰かに影響を与えるには、関係する双方が同じような目標、経験、アイデアを共有する必要があります。そうすることで、それがはるかに簡単になります。パートナーシップや人間関係における共通点は、文化が追加されるよりも、人々が同様のアイデンティティを共有するほうが容易になる傾向があります。私たちが性格の類似性を作り出すとき、私たちは共有の目標と目的を通じて団結し、お互いの感情的なサポート、共有された信念の論理、共有された集団的なビジョンの使命が現実になります。

パートナーの信念体系を深く探る

性格特性やその他の必要な心理的傾向の点で完全に理解していない人とは、深い関係や相互に満足のいく関係を築くことはできません。しかし、彼らの信念体系を深く研究することで、彼らをよりよく理解し、自分の利益のために徐々に影響を与えることができます。

自分の偏見を認める方法を模索する

論理の質に関係なく、異なる信念を持つ人に影響を与えることは、多くの場合困難です。代わりに、バイアス カードを効果的にプレイして、彼の偏見にアピールする効果的な戦略を探してください。どうすればこんなことができるのでしょうか？これらの問題について彼と直接対話することによって。
相手を惹きつけるには、相手の好みのアイデアやポイントを見つけ出し、それを提示することが必要です。このアプローチを使用すると、ターゲットはあなたと一緒にいるとリラックスした気分になり、プライベートな生活にアクセスできる可能性が高くなります。

議論中の闘争・逃走を避ける

論理と感情を使って人々に影響を与えることは、逃亡や喧嘩につながる人間関係における衝突や誤解など、闘争・逃走行動の事例を伴わずに会議や議論が行われる場合に最も効果的です。そのような瞬間に、合理性は誤解され、目標は達成されず、闘争または逃走の雰囲気に逆らって議論は前進できなくなります。

第 7 章: 有害な関係や友情を避ける、そしてそれらを防ぐ方法

熟練したマニピュレーターの目標は、ターゲットと不健全な長期的な関係を形成し、ターゲットに対する完全なコントロールを維持することであり、それは自分自身にのみ利益をもたらします。効果的なパートナーシップには、参加者間の平等なサポートが必要です。一方のパートナーがいつもより多くのことを提供しているように見える場合、それはあなたの配偶者があなたの関係における彼の意図について正直ではない可能性があるという明らかな兆候である可能性があります。心理的操作は、一方が他方を利用する目的で力の不均衡を生み出そうとするときに発生します。操作はさまざまな方法で現れる可能性がありますが、すべてに共通する点は、操作者である 1 人の個人が利益を得る一方で、別の個人 (通常は被害者として知られる) は害を及ぼすことができないということです。中には、自分が有害な関係に入ってしまったことに気づかずに、人間関係に巻き込まれてしまう人もいます。一見すると、彼らのパートナーシップは無害に見えるかもしれませんが、マニピュレーターに対処するときに後でストレスや複雑さが彼らを待っているという兆候はありません。このような強制手法を使用すると、操作者はターゲットを個人的に知ることなくターゲットに到達し、制御することができます。当然のことながら、人間関係はドラマや、操作者からの自主性を奪う戦術から始まるわけではありません。彼らのゴールが始まると、彼らはまったく別の方向に進むでしょう。この種のアプローチは、時間が経つにつれて効果的になる可能性があります。

注目を集めようとする最初の行動は、おそらく問題を引き起こすことはありません。ただし、その目標が二人にとって非常に個人的で重要なものになると、進歩に障害が生じる可能性があります。
この時点で、マニピュレーターは戦略の変更を開始します。この変更は一夜にして起こるものではありませんが、目標を期限内に達成するには数週間かかる場合があります。この段階では、彼らの焦点は結婚生活の維持と強化に集中するあまり、問題や虐待が以前よりも見過ごされやすくなっている可能性があります。

明らかに、誰かがあなたの関係において操作者であることを示す特定の指標があります。結婚生活の誰かが毒を持っていてトラブルを引き起こしている可能性がある、あるいは外部の力によって影響力を持つ人や操作者として利用されている可能性があると疑う場合は、次のシグナルを確認することが賢明です。

操縦者は、社会的圧力、物理的力、心理的操作のすべてを武器として使用して、さまざまな方法であなたの快適ゾーンから外に出るよう促し、利益を追求すべきものからそらすようにします。彼らは主導権を握る者となり、互いの利益が確実に軌道から外れるようにします。彼らは、この旅を通してあなたを支配する力を持つ者になります。

あなたの自信が低下し始めるとすぐに、あなたを利用しようとする誰かが操作しやすくなります。私たちの信頼はすぐに奪われてしまいます。操作者がすぐにそれを利用して、私たちをあまり良くないと感じさせたり、個人的な利益のために私たちの弱みを利用したりするからです。

秘密の治療法。このテクニックでは、人は操作者からのどんな小さな軽蔑も受け取り、それを拡大して自分自身にとって不快な状況を作り出し、彼らの目標を脅かします。当社では、必要に応じて最終的に終了するまで、電子メールアラート、ボイスメール通知、テキストメッセージ、および電子メールを提供することでサイレント治療を利用しています。沈黙の治療がいつ終了するかを知りながら、すべてを管理下に置くことは、自分自身と関係者全員にさらなる問題をもたらすだけです。

悔い改めの旅。責任を感じたくない人はいないので、罪悪感を感じたとき、私たちはできるだけ早くそれを軽減しようと最善を尽くします。マニピュレーターはこのことをよく知っており、自分の行動を説明するために見つけられるあらゆる言い訳を使います。
不健全な結婚生活では、さまざまな理由で未解決の衝突に巻き込まれることが多く、パートナー間に接触が生じず、操作者が意図的に衝突を解決しようとする意図もない。あなたの状況がそのような場合は、この問題を解決するために協力して取り組むのではなく、対話が始まったか終了したかのように自分を偽ったほうが、おそらくより簡単で良いでしょう。

今では、この結婚へのアプローチが理想的ではないことが理解できます。私たちの人生が自分自身で独立して管理されるのではなく、別の個人が常に私たちの人生をコントロールし、私たちのために決定を下しているように見える関係に閉じ込められていると感じたい人はいません。したがって、自分自身を最大限に活用せずに、この戦略をサポートしてくれる人を見つける必要があります。しかし、急いで話を進める前に、配偶者が本当に操作的であるかどうかを判断するために、いくつかの重要な質問に答える必要があります。このガイドブックを読み終えると、あなたの友情が強制的なものであるかどうかがすぐにわかるはずです。これらのパートナーシップのいずれかが発生した場合に自分自身を守るために講じることができるいくつかの対策は、自分の権利を認めることです。友情は時間の経過とともに育まれるものであるため、自分のニーズが操作者によって無視されたときに自分自身のために立ち上がる方法を思い出すのは困難になるかもしれません。自分の基本的権利は常に守られなければならず、常に尊重されるべきであることを決して忘れてはなりません。他者を尊重する、意見や要望を自由に表現する、他人に影響されずに自分の目標を設定する、他人にノーを言うなど、さまざまな自由があります。さらに、誰かと異なる意見を持つことで、心理的、精神的、感情的な安全が確保され、必要に応じて他の個人から独立して充実した人生を送ることができます。

これらの特権は、長期的には操作者によってあなたから剥奪される可能性があります。効果的な意思決定を可能にする小切手を維持し、その記載内容に基づいて行動することで、これらの利点は小切手の維持に役立ちます。ただし、再び状況に陥る前に、先のことを考えることを忘れないでください。遭遇したときは、注意深く観察してください。彼らの意向に反して行動することを要求する権威者に対して意見を言うときは、自分自身のアドバイスを真剣に受け止めてください。
自由を取り戻し、操作的な友人と話すときに深呼吸して、試してみてください。あなただけがあなたの人生の主人です。だから離れてください。マニピュレーターの友人に対処するときは、距離を置くことが重要です。距離を保つために必要なことは何でもしてください。多くの場合、腕を伸ばした状態に保つことがベストプラクティスです。これで手遅れの場合は、少なくとも二人の間にスペースを作るようにしてください。あなたについて学び、あなたの脆弱性を評価し、将来不誠実な人物と遭遇した場合にそれを悪用する計画を立てる別の機会を彼らに与えることは、彼らにあなたを利用し、あなたの将来の計画を悪用する機会を与えるだけです。不誠実な人物から距離を置くことが最初で唯一の効果的な防御策です。変化したいと思うときは、逆の方向に進みましょう。操作者は、あなたを再会させ、自分たちの利益のために再び利用することを目的として、あなたを気分悪くさせようとすることに注意してください。これらの人々から距離を置くことがあなた自身の最善の利益になります。自分を残念に思ったり、彼らの大義を支持したりして、彼らの罠にはまらないようにしてください。

マニピュレーターの行動のもう１つの側面は、ユーザーの脆弱性を悪用することです。ひとたびあなたの弱点を知れば、その人はあなたに対して徹底的にそれを悪用することができます。あなたは自分が不十分だと感じさせ、それによって引き起こされる混乱に対して自分自身を罰することが多く、自分を責めやすくなり、彼らからの罰が増大するにつれて絶えず自分自身を罰することがよくあります。彼らは、これにより、設定した基準に決して到達しないように目標を継続的に変更することで、できるだけ長くコントロールを維持できることを知っています。これにより、意図した目的地を達成し続けることができ、許しがたい混乱が生じます。

この操作を継続させないでください。私たちはあなたを利用し、どんな欠点があるとしてもあなたを責めるため、あなたは気分が悪くなり続け、気分が良くなるために彼らからの正当性を求めようとします。このすべての責任はあなただけにあるという操作者の主張に注意してください。実際にはどれもあなたの責任ではありません。すべては単にあなたの気分を悪くするために行われています。

会社とあなたの特権を与える可能性を高め、その理由を知り、ノーと言う方法を学ぶことで、操作者のあなたに対するコントロールが弱まります。理由を知り、「はい」と言い、「ノー」と言う方法を学ぶことは、先ほど説明した基本的な権利ですが、多くの人がそれを日々表現できていません。いつ自分の時間が来るかを知ることは、関係者全員がより適切にコントロールできることを意味します。彼らの操作計画の一部にならないようにするには、自分の番がいつ来るかを知るためにある程度の学習が必要です。「はい」の理由を知ることは「はい」を意味しますが、必要に応じて「いいえ」と言えるようになりましょう。パートナーシップを操作する人の目標は、あなたに対して使用する情報や戦略にもかかわらず、表現する必要がないときに安心してイエスと言えるのであれば、常にイエスと言うことにあります。この基本的権利は、話すときに多くの面で無視される可能性があるため、この基本的権利の理解をさらに広げる必要があります。操作テクニックやその他の方法で、必要なときに日常的に十分に伝えることができず、十分な考慮が払われていないか、毎日実践されていません。

誰かの感情を傷つけることを恐れ、援助を拒否すると相手の態度が変わるのではないかと心配する場合、イエスと言うと涙が出ることもよくあります。他の人にイエスと言うのは、とても勇気がいることです。残念ながら、これはほぼ定期的に発生します。マニピュレーターを扱うことを想像してください。彼らに対して自分を主張する方法を知るのは最初は難しいかもしれませんが、彼らの操作に対して効果的に声を上げる方法を知っていれば、状況を乗り越える力が得られます。誰もがその決定を好むわけではないので、独立性を維持するために戦わなければなりません。後悔することなく「ノー」と言えば、全体としてより自由で健康的なライフスタイルが可能になります。有害な関係にあることは決してポジティブなものとして見られるべきではありません。マニピュレーターと提携するには、彼らのニーズを満たすことに依存した関係を結ぶ必要があり、やがて双方に損失が生じる可能性があります。残念なことに、このように考えるように訓練されていると、手遅れになるまで自分たちがそのような関係に従事していることに気づかなくなります。結婚の危機を解決するための第一歩は、あなたの関係を悩ませている可能性のある欺瞞、強制、またはその他の困難の兆候を見つける方法を学ぶ必要があります。特に結婚の主な目的は困難な時期に自信と自尊心を築くことであったため、結婚には時間と勇気が必要です。しかし、すべてがうまくいき、最終的にターゲットが夢を実現したとき、その見返りは莫大なものになる可能性があります。

自分の立ち位置を学び、それを強化してください。そうすれば、外部の情報源を使わなくても人生が変わることに気づくかもしれません。

説得「説得」の意味を理解しようとするとき、その答えは大きく異なることがよくあります。消費者に他の製品やサービスよりも特定の製品やサービスを愛用するよう促す広告やコマーシャルに思考を向ける人もいれば、投票で追加の票を獲得するために有権者の考えを変えようとする政治家に思考を向ける人もいます。どちらの例も目的を果たしています。説得の。これらのメッセージは、議論されている主題に対する人々の認識を変えようとするものであるため、どちらの形式も有効な例です。

ダークな説得は、その動機が必ずしも説得される側に利益をもたらすとは限らないという点で通常の説得とは異なります。通常の説得者は説得される側の利益のために説得を試みますが、闇の説得者は説得される側にとって必ずしも有益であるとは限らない有益な動機を求めることがよくあります。闇の説得者は、必要に応じて戦術や説得戦術を進める前に、その人から説得や説得行動を起こす前に、何が最も効果的に自分を動機づけているのかを特定するために、影響を与えたい相手について十分な知識と理解を得る必要があります。

説得には常に道徳的な影響が伴いますが、闇の説得者はそれについてあまり心配しない傾向があります。それらを認識しながらも、彼らは目的を達成することに真っ向から焦点を当て続けます。

説得は日常的な心理現象です。あなたは誰かを説得する側になることも、説得される側になることもできますが、重要なのはモチベーションです。説得は、マスメディア、政治、広告、法的決定において同様に大きな役割を果たしており、その有効性は、主題に影響を与える説得に使用されるさまざまな方法によって決まります。
説得は、洗脳や催眠とは異なる、本質的なマインドコントロールの形態として際立っており、どちらも被験者の心やアイデンティティを変えるために被験者を隔離する必要があります。説得には、その方法論の一部として孤立が必要ありません。

望ましい目標を達成するために、個々の被験者に対して操作が行われます。説得は1人の個人に対しても行われる場合があります。ただし、大規模な操作は、社会全体、さらにはコミュニティの信念や決定を変える可能性があります。

説得は一度に複数の個人を揺さぶる能力があるため、直接操作するよりも考えを変えるのに効果的である可能性があります。

多くの人は、自分には説得に対する免疫があると誤解しています。なぜなら、自分はあらゆるセールストークを常に見抜き、論理を駆使して適切な結論に達できると信じているからです。

特にロジックを使用する場合、人々は提示されたすべての議論に常に屈するとは限りません。さらに、主張がどれほど強力であるように見えても、議論が誰かの信念とうまく一致しない場合、説得は定着しない可能性があります。

しかし、市場で新しいガジェットや製品を購入するように他の人を説得するために、説得力のあるメッセージを使用する方法を理解している人もいます。彼らの巧妙な説得はターゲットに気づかれないことが多く、提供された情報について意見を形成することが困難になります。

説得というと、視点を変えることが自分たちに利益をもたらすと信じ込ませようとする詐欺師やセールスマンなどのネガティブな連想を連想し、その変化が起こるまで押し進める傾向があります。

説得は善にも悪にも利用できます。販売および詐欺行為における説得は2つの例であり、説得は両方の方法で使用されます。例えば、国際機関間や、外交協定の一環として説得を使用する公共サービスキャンペーンや、善意のためのキャンペーンは、それぞれ効果的に使用される暗い説得とプラスの効果を得るために使用される例です。すべては、この説得プロセスをどのように実行するかにかかっています。

第 8 章: 高度な闇の説得テクニック

説得によって誰かの考えを変えようとする場合、成功するためには説得テクニックをうまく導入するためのツールと戦略が必要になります。

日が経つたびに、ターゲットはさまざまな形で説得されます。食品メーカーの目標は、ターゲットに新しいレシピを試すか、古いレシピを続けるよう説得することです。スタジオは最新の大ヒット映画を直接宣伝できます。

どのような製品を販売するとしても、彼らの主な目的は売上を増やすことです。したがって、彼らは説得を試みます。彼らはこれがあなたに直接どのような影響を与えるかを考慮していないため、潜在的な顧客に警告を与えたり動揺させたりしないように、微妙な説得テクニックを使用する必要があります。複数のブランドがあなたを説得しようとしている可能性もあるため、それぞれが視聴者に自社の視点を納得させる独自の方法を見つける必要があります。

説得の効果は広範囲に及ぶため、その手法は古くから研究されてきました。影響力は、さまざまな状況や文化を超えて、誰でも活用できる貴重な資産です。

20 世紀初頭から、説得テクニックの正式な研究が本格的に普及し始めました。説得には、聴衆を納得させる議論を推し進め、このメッセージを新しい人生の生き方として受け入れてもらうことが含まれることを忘れないでください。
したがって、効果的な説得テクニックを発見することが非常に必要とされています。

時間の経過とともにその価値が証明されている暗い説得テクニックが 3 つあり、このセクションでそれらについて説明します。
ニーズを生み出す
誰かに自分の視点や生き方を変えるよう説得するための効果的な戦略の 1 つは、その人にとってすでに存在するニーズを生み出すか、それを利用することです。できれば、その人にとって魅力的で望ましい方法でそうする必要があります。この戦術が効果的かつ適切に実行されれば、意図したターゲットに対して大きな成功を収める可能性があります。

説得者は、夢を実現する、自尊心を高めるなど、説得を成功させるために対象者にとって最も重要なこと、あるいは住居、愛情、食べ物を提供することに言及しなければなりません。

このアプローチは、どんな対象も何らかの形で何らかの助けを必要としていると想定しているため、常にうまく機能します。言い換えれば、人生で何かを夢見た

り熱望したりしない困っている人はいません。説得者は単に見つける必要がある
だけです被害者がこれらの夢をより迅速かつ効率的に達成できるよう支援する
方法。

説得者は多くの場合、自分の信念や視点に一定の調整を加えることで夢をより
早く実現し、成功の確率を高めることができるとターゲットを説得します。

例: 親密な関係を求めている若い男性は、女性に、成績を向上させるのを手伝
い、最終的に A を獲得して両親を誇りに思ってもらうと約束するかもしれませ
ん。ただし、それは彼女が彼の友達になった場合に限ります。この女性は、この
若い男性が自分の学業成績を心から気にしていると信じているかもしれません
が、実際には、彼は彼女に近づき、性的に関わることだけを気にしているのかも
しれません。学業は、より多くの性的接触のための口実にすぎません。
社会的ニーズへの訴求
説得者は、ターゲットの社会的ニーズを特定するという、別の説得戦術を使用す
る場合があります。この手法はすぐには結果をもたらさないかもしれませんが、
依然としてツールボックスの貴重な資産として残っています。

群衆に親近感を持ち、注目を集める人々は、自然に群衆に引き寄せられる傾向
があり、グループに参加したり、自分がより高い階級に属しているという感覚を与
えるステータスシンボルとして特定のアイテムを持つことによって承認を求めま
す。

多くのテレビコマーシャルは、社会的ニーズに訴えることで、視聴者が「見逃さな
い」ように購買決定を促すことに成功しています。広告主がターゲットの特定の
社会的ニーズを特定し、それに訴えることができれば、その特定の人物にとって
新たな興味分野が開かれる可能性があります。
読み込まれた信号として使用される単語と画像

誰かを説得するとき、言葉は非常に重要であり、それぞれが異なる影響を与え
る可能性があるため、慎重に選択する必要があります。同じことを言う方法はた
くさんあるかもしれませんが、あるアプローチが別のアプローチよりも強力である
ことが判明する可能性があります。

説得には、適切なタイミングで適切な言葉をいつ、どのように言えばよいかを知
る必要があります。言葉は常にコミュニケーションの重要なツールであり、適切な
行動喚起の言葉を知ることは、説得を成功させるために最も重要です。

闇の説得は闇の心理学の最も強力なツールの１つですが、過小評価され無視
されることがよくあります。おそらくこれは、説得がマインドコントロールの試みと
して独特であるためです。不本意なターゲットに参加せずに服従を強制する代替

案とは異なります。しかし、説得とは異なり、目標の決定はオープンなままであり、時にはプロセスの結果に影響を与えるために孤立していることもありますが、それらからの干渉は限定的です。

説得は、ターゲットが自分の利益に最も適した決定を下せるように、すべてのカードがむき出しになっているときに(たとえ暗い説得に隠された意図があったとしても)最も効果的です。

第9章: 洗脳

洗脳とは、他人の意志に反して、または同意なしに他人の考えや信念を変えることを指す場合がありますが、その本当の定義はより広範囲です。これには、行動パターンを変え、行動の結果を変えるために、個人の態度を変えたり、行動を変えたりするために使用される、強制や説得の組織的な試みが含まれます。

洗脳戦術は、特にカルト集団内で、人々に政治や宗教の教義についての信念を変えさせるための政治教化プログラムの一環として長い間使用されてきました。洗脳は主に、被害者の信念を、捕虜が好む、彼らが存在する環境に適した信念に置き換えることによって機能します。

洗脳には、個人からすべての自由、独立性、意思決定権を剥奪することが含まれます。あらゆる面で捕虜の権威への完全な服従を要求するような方法で、日常の習慣や行動を破壊すること。洗脳には、啓発された生活のための許容可能な手段として新しい信念を植え付ける前に、身体的虐待のほか、必要に応じて傷害や死亡、あるいは終身刑の脅迫が含まれることがよくあります。

洗脳技術は、被害者と捕虜の間に子供のような信頼関係を育むことを目的としており、被害者は、他の人が洗脳される前に、有罪と見られることを恐れて、過去の犯罪を告白したり、不条理または些細な間違いを犯したりするよう奨励されます。他の捕虜も彼らより前に洗脳されている場合、これらの人物は、社会の他のメンバーの前で被害者の行動や失敗を批判したり不快感を示したりすることで、このプロセスを強化するのに役立つ可能性があります。
洗脳が定着すると、捕虜はその行為に対する承認と報酬を受け取り始めます。洗脳がどのように暗黒心理学の一部となり得るかについては、このビデオをご覧ください。

闇の心理学は、誰かが自分の意志に反して他人に影響を与え、自分の意志に反して操作または影響を与える洗脳戦術を使用するときに発生します。私たちはそれぞれ自由意志を持っています。つまり、私たちは自分自身で決定を下し、自由に交際し、誰と交際するかを自由に選択する必要があります。この自由が力や強制によって奪われた場合、それは暗黒心理を構成します。

虐待的な関係にある人は洗脳されやすいです。夫は、悪影響を与えるという口実で、特定の友人との付き合いを妻に禁じるかもしれませんが、この問題については妻が成長するにつれて自分で決める必要があります。さらに悪いことに、パートナーがよりうまくコントロールできるように、魅力的ではないと主張して、特定の種類の服を着ないよう強制することもあります。

虐待的なパートナーと暮らすことは混乱と疲労の両方をもたらし、関係者全員の生活をさらに複雑にすることがよくあります。彼らは、あなたの責任ではなかったことであなたを責め、操作するでしょう。彼らの満足を維持するために、家族や友人と疎遠になったり、服装や政治的見解を変えたりするかもしれません。すべては彼ら対あなたの問題になります。

虐待的な関係は、一方のパートナーが洗脳戦術を使用してパートナーを操作し、コントロールするときに発生します。その結果、夕食の選択などの単純な決定を彼らに依存するようになります。彼らの人生は、自分自身を犠牲にしてでもパートナーを幸せにすることだけを中心に回っています。そして、何が愛を構成するか、あるいはそれをどのように表現すべきかは彼らによってのみ決定されます。そして、彼らを犠牲にして何が幸福を構成するかを正確に決定するのは誰であり、その逆も同様です。そして、虐待者は、自分たちを通して表現される愛と、被害者の人生における間違ったことを定義する責任があります。何を改善する必要があるのか、それに応じてどのように行動すべきか、そして虐待パートナーの定義に応じて適切な行動とは何かに至るまでです。愛は表現されるべきであり、被害者の人生に関するすべてを自分と同じように定義する必要があります。また、虐待者が行動に関して彼らに何を望んでいるのか、人がどのように振る舞うべきか、そしてどのような行動がこの関係の適切性を構成するのかを正確に定義する必要があります。

虐待にはさまざまな形があります。最も頻繁に起こるのは、感情的、心理的、身体的虐待によるものです。一度手中に入ると、被害者はそこから逃れることができないことがよくあります。
虐待的なパートナーは、洗脳と虐待を維持するために、すぐに相手を貶める発言や侮辱でパートナーを貶める方法を見つけます。自分自身の心理的生存のために、虐待者が立ち止まって被害者に優しさを示す時期が時折あります。それがトラウマの束縛を生み出し、被害者は虐待者を幸せにして、見返りとして温かさと優しさで扱われたいと思うようになります。

洗脳は、被害者が自分の人生の中に閉じ込められるため、闇の心理学に属します。関係において支配的なパートナーは、パートナーから車、お金、食べ物などのリソースを差し控える可能性があり、その結果、パートナーを家の中の囚人に変え、恐怖を引き起こし、周囲の世界の認識を変えてしまいます。

洗脳された被害者の人生は、物理的な暴力が行われていなくても、虐待者を喜ばせるという考えに取り憑かれてしまいます。身体的虐待が起こらなくても、彼らの生活は虐待者の存在の影の下で続きます。その結果、不安障害やうつ病などの心理的影響が症状として現れることがよくあります。
洗脳プロセスの概要

洗脳は、アイデンティティの1つを剥奪し、信念、態度、価値観を変えると同時に思考プロセスも変えることを目的とした体系的なアプローチです。マニピュレーターは、被害者を洗脳するツールとしてさまざまな手順や段階を利用します。

罪悪感
恋愛関係において、操作者は常に被害者が悪者であるかのように議論を選び、あらゆる意見の相違に罪悪感を感じさせ、すべてを恥じるようにさせます。これは人を洗脳する最初の段階です。

自己裏切り
家族や友人を非難することを強いられると、罪悪感が増大し、自意識が破壊されます。これらの感覚は、新しいアイデンティティを創造するためのスペースを生み出しながら、過去から解放されるのに役立ちます。

限界点
身体的、言葉的、心理的攻撃の被害者が自分自身を裏切ったと感じ、罪悪感を感じさせられると、限界点に達し、感情的および精神的に崩壊する可能性があります。抑えられずに泣いたり、不安発作に苦しんだりするのは、心の中で何かが解けてしまったサインかもしれません。心理的に、彼らは自分自身を完全に失うことを恐れており、自分自身を完全に失うことへの絶え間ない恐怖の中で生きています。

被害者が自分自身に対して無力だと感じているとき、抑圧者は自分自身への攻撃からの休息として優しさを差し出します。暗闇だった場所に光が現れたこのような瞬間に、被害者は攻撃者に対して深い感謝の気持ちを抱きます。これは、再び攻撃を開始する前に、虐待者が意図的に行った行動です。
被害者が安全な場所に避難させてくれた虐待者に感謝しているとき、しばしば、自分への扱いの過酷な側面のほうが大きく見える。彼らは、恩義があると感じ、彼の親切に報いなければならないと感じるかもしれません。多くの場合、自分が感じている罪悪感を和らげるために、自分の間違いを告白することによって行われます。

罪悪感をチャネリングする
被害者が経験する罪悪感や恥辱の感情は、アイデンティティへの攻撃が増大することでさらに複雑になる可能性が高く、どのような行動や決断が自分が犯したと信じるようになったのかがわからなくなり、代わりに自分が責任を負わなければならないと信じてしまいます。虐待者は自分の中に罪悪感が存在することに気づくとすぐに、それを自分のために利用します。典型的には、自分たちが間違った決断やイデオロギーに満ちた人生を送ってきたと被害者に納得させることによってです。代わりに、変化するために新しい視点に自分自身を開くことを示唆しています。

論理的な不名誉行為 被害者はしばしば、自分の罪は外部から押し付けられたイデオロギーにあると信じています。教師やイデオロギーは、何らかの操作が行われているのを見る代わりに、非難の対象になります。自白は、個人がこれらの「間違った」イデオロギーの下で行われた行為を精神的に放棄するため、罪悪感を軽減する1つの方法になります。これにより、象徴的にそれらから距離を置き、そうすることで間違ったイデオロギーに対するこれらの認識を完全に信用できなくなります。

進歩と調和
古いイデオロギーを拒否することは、それに反対する人々がそれに代わる別の見解を探さなければならないため、進歩と調和が生まれる機会を生み出します。これらが互換性があり、ニーズに適していると思われる場合、プロセスは大幅にスピードアップし、代わりに平和が提供されます。この時点で、不快感はなくなり、静けさが広がります。
罰として、捕らえられた人々は突然英雄のように扱われ、心優しい人々が古いイデオロギーの罪深い考えに代わる代替品として受け入れられました。

最後の入学と再生

過去の苦痛と、新しいイデオロギーによってもたらされる将来の約束との明らかな対照に遭遇するとすぐに、被害者は残っている秘密をすべて明らかにして、古いイデオロギーへの忠誠を完全に放棄しました。その瞬間、彼らは自分たちの新しいイデオロギーを完全に所有するようになりました。

再生とはこのプロセスを指し、イデオロギーによっては、人を新しい秩序に完全に封印する通過儀礼が含まれる場合があります。これらには、新しいイデオロギーの受け入れや新しい指導者への忠誠を誓うための強い声明が大声で発せられることが含まれる場合があります。
洗脳: その影響を探る

前に説明したように、洗脳には、人の行動を制御し、コントロールするために、人の思考パターン、信念、態度を変えることが含まれます。この行為はマニピュレータの利益のために行われることが多いですが、壊滅的な影響を与える可能性があります。洗脳が及ぼす影響には、次のようなさまざまな形があります。

洗脳は被害者の自尊心に壊滅的な影響を与えます。彼らは自分が十分ではないと感じ、何をしても十分ではないと感じ、自殺やうつ病への道を導きます。

不安障害 - 洗脳されている人は、多くの場合、自分のアイデンティティを失い、最も近い人々から孤立します。以前の自分から変わらざるを得なくなった被害者は、間違ったことをしないように常に不安になり、外面的な行動に影響を与える不安障害を発症する可能性があります。

うつ病 - 洗脳された被害者は、愛する人や広い世界から孤立する傾向があり、捕虜を喜ばせ、見返りに提供してくれる優しさを受け取ることだけに焦点を当てています。誰にも相談できず、自分の気持ちを周囲の誰もが無視していると、うつ病が始まり、他者との関係に支障をきたすことがあります。

自尊心の欠如 - 捕虜による絶え間ない虐待と批判は、被害者に自分には価値がないと信じ込ませ、自分には価値がないと教えられてきたため、何かを決定することを恐れるのに十分です。

恐怖の中で生きる - 洗脳者は恐怖戦略を使って被害者に影響を与え、角を曲がった先に何か悪いことが待っているのではないか、生活全般が安全でなく不親切なものであると恐怖させます。被害者は、外に出れば誰でも危険にさらされる可能性があるという絶え間ない不安を抱えて暮らしていますが、一方、捕虜は、被害者が要求に従わない場合、被害者に対して重大な結果をもたらすと脅迫します。

信念の変更 - 犯人の主な目標は、被害者の行動を制御し、彼らの言いなりにできるように、被害者の信念を形作ることです。彼らの信念が倫理的であるかどうかは関係ありません。それがその人のイデオロギーや信念と衝突する限り、それは十分ではありませんでした。

捕虜または侵略者の意図に応じて、洗脳はその用途に応じて被害者にさまざまな影響を与えます。したがって、闇心理学の実践者が使用する洗脳テクニックの餌食にならないように、潜在的な犯罪者が使用しているテクニックやトリックを特定することが重要です。以下は、ダーク心理学のセッションに参加するときによく見られるそのようなテクニックのいくつかです。

洗脳は、個人またはグループが、自分の意志に反して他人に影響を与え、説得して、同意なしに信念を変えるように裏技を使用するときに発生します。これには、多くの場合、暗黒心理学などの心理学的手法が使用されます。自分の意志に反して使用される影響力や説得のテクニックは、個人またはグループが他の人を洗脳しようとして使用する秘密の戦術を含むため、洗脳戦術としても知られています。人々は毎日説得を経験していますが、これが同意なしに強制的に変更されると、洗脳となり、闇の心理戦術が彼らに対して使用され始めます。これには、さまざまな当事者が被害者に対して使用する戦術が含まれます。

隔離 – 洗脳の最初のステップでは、通常、被害者を家族や友人から隔離することが必要になります。被害者を社会から完全に隔離することによって、操作者は被害者に自分の操作戦術について相談できる人がいなくなることを望んでいます。そうしないと、彼らの権限が第三者によって異議を唱えられ、さまざまな情報源から自分たちよりも多くの情報を相手に与えてしまいます。

自尊心の攻撃 - 被害者が孤立すると、操作者は被害者を破壊し、自分の欲望に従って再び構築するのが簡単であることに気づきます。しかし、洗脳が成功するためには、被害者はまず操作者に対して劣等感を抱く必要があり、これには操作者による嘲笑、脅迫、嘲笑が含まれることが多く、自分が被害者になる前に自分は完全に弱いと感じている被害者の自尊心をさらに低下させます。

精神的虐待 - マニピュレーターは、被害者を洗脳するために、他人の前で被害者について嘘をついて被害者を愚かに見せたり、被害者に罠にはまったと感じさせるために口説いたり、個人的なスペースを奪ったりするなど、心理的拷問を行うことがよくあります。。

身体的虐待 - マニピュレーターは、食料や水源へのアクセスを奪うなど、さまざまな物理的方法を使用して被害者を屈服させ、被害者に影響を与えます。マニピュレーターは、被害者に対して暴力を振るったり、食事を与えなかったり、部屋を冷たくしたりすることによって、被害者の睡眠を奪うことがよくあります。工作者は、巧妙な方法で被害者を洗脳することもあります。騒音レベルを高くしたり、照明を常に点滅させたり、室温を意図的に変更したりするなどです。

反復的な音楽 - 研究によると、反復的なビートを演奏すると、人々に催眠状態を誘発する可能性があります。このテクニックを理解しているマニピュレーターは、被害者に対してこの戦術を使用できます。音楽のリズムは、操作者がこの戦術を使用してあなたの潜在意識に直接語りかけるまで、意識を変えることができます。これにより、あなたの脳が新しい提案に即座に反応するようになり、行動が自動的に変わります。

他の洗脳された個人との接触のみが許可されます - 操作者は、被害者が自分の操作キャンペーンの他の被害者と接触することのみを許可し、ターゲットを説得して新しい考え方に服従させるよう他の被害者からの同調圧力を期待します。孤独と孤立を感じている被害者は、受け入れられていると感じて孤独感を和らげるために、他人の提案に耳を傾ける傾向があります。

私たち対彼ら - 操作者が私たちと彼らの関係を導入すると、あたかも被害者に自分自身と認識された敵の間の選択を与えているかのように見えます。すべては彼らから完全な服従を得ようとするためです。他人の否定的な側面を見せた後、操作者は、被害者が自分よりも他人を選ぶのではなく、自分よりも自分を選ぶことを期待します。

ラブボミング - この戦術では、マニピュレーターは、触れたり、親密な考えを交わしたり、感情的に絆を深めたり、優しさを示したりすることで、被害者を近づけます。この戦術は、グループに参加することが正しい決断であったことを被害者に示し、消去するために使用されます。彼らが外部の誰かに対して抱くかもしれないあらゆる愛情。

洗脳がより大きな利益をもたらすことはほとんどありません。ほとんどのマニピュレーターは、被害者を完全かつ完全にコントロールするためにこのような戦術を採用します。
洗脳は被害者に壊滅的な影響を与える可能性があります。彼らはすぐに自分自身の感覚を失い、捕らえた人を喜ばせるために生きます。何をいつ着るかを選択するなど、私たちが当たり前だと思っている単純なことが彼らから奪われます。さもなければ彼らが下すであろうあらゆる決定が彼らから奪われます-これらすべてのことにより、操作者は自分が価値がないと感じ、彼らの好意を得たことに感謝します。

洗脳を回避するためのステップ 1 は、誰かがあなたや身近な人を洗脳しようとしているときにそれを認識できるように、操作者が使用する戦術とその特徴を認識することです。洗脳は、攻撃的な形態の暗黒心理学であり、操作者は被害者の感情や幸福を無視しながら、個人的な利益のためにこれらの戦術を使用します。

第10章: 他人の態度を予測できるようにする方法

他人が自分に危害を加えた方法をすべて理解できたので、今度はこの知識を活用して、良いことに役立てましょう。過去に自分の脳や能力についてどう考えていたとしても、今では、自分には生まれたときに与えられた信じられないほどの力、つまりすぐに使えるかどうかわからない能力があることに気づきました。自分の本当の姿や人生の目標を理解するのに苦労している人もいるかもしれませんが、それはまったく問題ありません。頑張りすぎると思考が制限され、新しい洞察が得られなくなる可能性があります。過去に他人があなたをどのように感じさせたとしても、その行動が今日のあなたを定義するものではありません。自分の歴史から教訓を得ながら、自分が誰とどこから来たのかを忠実に保ちましょう。あなたが感じた傷を手放して、治癒し、よりポジティブな方向に進み始めることができるようにします。

相手について思い込みをせずに、相手のことをよく知るために十分な時間を費やしてください。人々の本質的な本質を理解すればするほど、彼らにポジティブな影響を与えることが容易になります。たとえ迷ったり混乱したりしているときでも、内側または外側を掘り下げてみると、より意味のある真実が明らかになるかもしれません。あまりにも急いで思い込みやレッテルを貼ってしまうと、自分の成長能力や世界をよりよく理解する能力が制限されてしまうだけです。

コミュニケーションが鍵となります。怖くて挑戦的なことかもしれませんが、真実を話すことは、最終的には問題の解決策をより効率的に見つけるのに役立ちます。
結局のところ、自分の真実を声に出して共有すると、気分がずっと良くなります。自分の頭や心の中にあるものを聞いてもらうことで、自分自身も他人も恩恵を受けることができます。コミュニケーション以外の方法で説得しようとしないでください。何かを必要とする人には何も差し控えないでください。このように他人を操作しても、対話を通じて物事を話し、他の個人とすべてを話し合うことに比べて、永続的な変化を達成することには近づきません。

今こそ、あなたが経験したすべての痛みを有効に活用する時です。すべてが今日のあなたに至るまでにあり、終わりがないと思われた最も暗い瞬間は過ぎ、逃げ出すことしか望んでいなかったすべての時間があなたを今日の場所に導きました。これらの経験を二度と繰り返したくないかもしれませんが、それらの経験がなければ、あなたの未来はおそらく大きく異なり、他の人にとってあまり有益ではないので、それらに感謝することを学びましょう。
今こそ、あなたがおそらく最も望んでいること、つまり他の人に影響を与えることを行う時です。今日の社会では説得が鍵であり、特定の人を説得できないと、この人生で本当に望んでいることを実現できなくなる可能性があります。したがって、あなたが誰に説得したいのかを知ることが最も重要です。それが夫に子供を産む準備ができていると説得することでも、100 人の営業チーム全体に売上を伸ばすためにもっと努力することの重要性を説得することでも、です。彼らを理解するには、彼らに直接アプローチして個人的に試してみる前に、彼らが誰であるか、そして彼らの運営スタイルを知ることから始まります。

この段階では、まず相手の背景を理解することが重要です。年齢、性自認、居住地は、自分の興味に合った説得戦略を立てるときに注意すべきいくつかの質問にすぎません。このような質問に正確に答えることで、説得の戦略を立てることがはるかに簡単になります。

この状況では、特定の違いが重要な役割を果たします。たとえば、18 歳のボーイフレンドに 20 ドルを求めるのと、80 歳の祖母に同じことを求めるのは大きく異なります。人々を効果的に説得するには、その人の一般的な特徴と、その人の性格特性を構成するような固有の個人的特徴の両方を理解することが重要です。

彼らの興味と何が彼らを幸せにするのかを理解したら、次のステップは、必要に応じて販売を促進するもの (割引、景品、または顧客であることに対するその他の報酬など) を評価することです。
ユーザーの好き嫌いを理解したら、次のステップは、購入後の返品に時間がかかること、隠れた手数料、製品をカスタマイズできないことなど、嫌いなものを特定することです。一度特定されれば、それに応じた行動が簡単になります。何か気分を害するたびに、彼らは解決策として気に入ったものを提供します。これは明らかなことのように思えますが、他人に影響を与えようとする多くの人はこのステップを見落とします。

最後に、他の人がどのようにコミュニケーションをとるかに注意してください。このダイナミクスを理解すると、同じ方法で物事を表現することがはるかに簡単になります。常に相手の話に耳を傾け、話す場を提供してください。彼らがあなたと情報を共有するとき、彼らがどのような言葉を使っているかだけでなく、彼らの顔にも注意を払ってください。自分が無視されていると感じた場合、その人は背を向ける可能性があり、長期的には説得される可能性ははるかに低くなります。次のセクションでは、この問題についてさらに詳しく説明し、生活の中で健全な交流を促進する最善の方法について説明します。
コミュニケーションの基礎を理解する

コミュニケーションは誰にとっても難しいものです。一見すると、口を開けて話し始めるだけで簡単に見えるかもしれませんが、多くの人は、たとえ自分で経験したとしても、自分の気持ちを言葉だけで表現するのに苦労していることに気づきます。しかし、生活におけるコミュニケーションがより効果的になればなるほど、生活は楽になり、その結果得られる結果はより幸せになります。

コミュニケーションスキルを向上させるには、練習が必要であることを覚えておいてください。すぐに上達する魔法の薬や秘密の方法はありません。上達するには、会話を通じて他の人々と継続的に交流する必要があります。コーヒーショップのバリスタやバス停の見知らぬ人とでも、最初は小さな会話を始めるのが最善です。やめてください。ただし、他の人に迷惑をかけるのではなく、標準的な「調子はどうですか？」以外に自分の声をはっきりと伝える方法を探してください。

自分の気持ちを効果的に自分に伝えられるようにしましょう。たとえ一人でいるときでも、自分の感情が完全には理解できないことがあります。必要に応じて、毎日自分の感情を日記に書き始めてください。湧き出た感情を書き留めることによって自分で対処できるようになればなるほど、自分で感情を管理したり、他の人と効果的に共有したりすることが容易になります。

他人を説得し始めるときは、言葉に注意してください。誰かに何かを強制したり、自分自身を止めることができないと感じる状況に置いたりしないでください。「あなたはこれをすべきだ」などの言葉は避けてください。何をすべきかを指示されるのが好きな人はいません。
最初に自分自身について話すのは直観に反するように思えるかもしれませんが、人々はあなたが自分の行動を直接指示するのを聞くよりも、例を取り上げることでよりポジティブな反応を示すでしょう。たとえば、毎朝遅刻することによるストレスを軽減するために、配偶者に早起きするよう説得したいとします。「もっと早く起きたほうがいいよ」のようなことを言うのではなく、次のように言えます。「早く起きて朝の通勤時間のストレスが軽減されることで、自分自身のストレスレベルが大幅に下がり、ストレスの軽減に役立つことがわかりました」仕事前の朝のストレス要因です！」

あなたのアイデアが彼らのものであると他の人に信じてもらうことで、説得の信頼性が高まります。人は、自分の意志に反して何かを強制的に受け入れるよりも、自分でそれを思いついたと感じることを好みます。彼らが自分自身でそれを解決できるようにして、彼ら自身でその利点と欠点を評価できるようにします。そうすることで、何かを押し付けるのではなく、より効果的な説得を生み出すことができます。

その後、口調やボディランゲージに特に注意して、あなたのそばにいると彼らが安心できる環境を作りましょう。優しさ、愛、思いやりを示すことで、彼らはあなたとより良い関係を築くことができます。人々があなたが望むようにするためだけに、厳格で厳しいコミュニケーション戦略を押し付けられていると感じないでくだ

さい。代わりに、親切で穏やかになるように努めてください。そうすれば、人々は
より良く反応するでしょう。

最後に、自分が影響を与えようとしている人たちには敬意を持って接するように
してください。彼らが何か愚かなことを言ったとしても、あなたの周りで彼らに恥
ずかしい思いをさせたり、当惑させたりしないでください。代わりに彼らを築き上
げれば、彼らはこの種の親切に報いるでしょう。
ネガティブな操作をポジティブな説得に変える方法

これであなたも基礎レベルの心理学の専門家になれるはずです。すべては私た
ちの心の中で始まり、個人ごとに異なる形で現れます。この人生であなたが望ん
でいることを本当に達成するには、他の人々と彼らの脳がどのように機能するか
について学び始めることが重要です。そうしないと、やがて取り返しのつかない
損害を被る危険があります。

あなたが過去に学んだすべての整体テクニックを今、良いために使ってくださ
い。自分のネガティブな経験から学び、それを他の人に接しない方法について
の学習経験として活用できるようにしましょう。否定的な操作を肯定的な説得に
変えるには、他人に同意してもらいたいことの背後に善意を持つことから始めま
す。双方の間で相互に有益なものが、双方間の交渉の最終目標である必要が
あります。他の人のニーズについて話すときは、注意深く耳を傾けてください。
そうすれば、関係する双方からプラスの利益を得ることができる合意に達するこ
とができます。これにより、両方の当事者が一度にプラスの利益を得ることができ
ます。

自分のニーズよりも他人のニーズを満たすことを優先するようにしてください。も
ちろん、まず自分自身を大切にすることは重要ですが、他人がどのように感じて
いるかを知らないことは、長期的には誰にとっても良いことはありません。

インフルエンサーはリーダーです。他の人に伝えたい良いアイデアがあり、自分
の知識から彼らが得られることを望むのであれば、ポジティブなリーダーシップ
能力を開発し、磨くことが不可欠です。

他人を自分だけの道具として見るべきではありません。他の人も助けることがで
きますが、あなたも彼らを助ける必要があります。優れたリーダーは、他人の意
志を強制せずにやる気を引き出す方法を知っています。言い換えれば、見返り
に何か有益なものを提供するということです。あなたの夢の実現を喜んで手伝っ
てくれる人を見つけるかもしれませんが、そうすることは自分にとってもあなたに
とっても何の費用も利益ももたらさないことに注意してください。

人生で何か重要なことを達成したいのであれば、あなたの信念もこの旅の一部である必要があります。自分自身を調整し、このシステムを中心に配置すれば、成功は確実です。

他の人と話すときは、必ず包括的な言葉を使用し、「私たち」という言葉を使用し、自信を持って話してください。彼ら自身もこのプロセスの一部として組み込まれると、より注意を払うようになるでしょう。

開発のこの段階では、重要な要素は成長に対する考え方を持つことです。思考を制限すると、人生の可能性が減ることになります。そのため、説得、操作、心理学全般に関連する研究の最新情報を常に入手し、人間の脳についてより深い洞察を得るために、人間の脳に関するニュースレターや雑誌を購読してください。その仕組み。

定期的に自分の健康状態をチェックしましょう。自分のあらゆる側面に気を配らなければ、年を重ねるにつれて心の機能が大きく損なわれる可能性があります。今こそ、それに応じて心を準備しておくべき時です。他者とコミュニケーションをとる際には、オープンな視点を保ち、注意深く耳を傾ける練習をしましょう。知識を集めれば集めるほど、発見できることがさらに増えるため、学習を続けてください。

攻撃性や説得も決して使用しないでください。恐怖は一時的に人々に自分の望むことをさせるために機能するかもしれませんが、長期的な尊敬は決して恐怖を伴う方法だけで得られるべきではありません。思いやりを示し、他の人をより完全に理解することで、彼らは自分の考えていることを共有するときにより注意深く耳を傾けるようになります。

結論

他人を分析するとき、ボディランゲージが鍵となります。彼らは背が高いですか、それとも前かがみですか？誰かの目、顔、腕を観察すると、その人の本当の姿について多くのことが明らかになります。たとえば、自信を持っているように見える人でも、注意を向け始めると、実は不安を抱えている可能性があることに気づくことがあります。また、信頼していた人があなたに嘘をついていたことに気づくこともあります。

誰かと他の人を区別するものを見つけ出し、彼らが特定の方法で行動する理由を理解するのは難しい場合がありますが、最終的には、誰かがそのように行動する理由についてより多くの洞察を得ることができるようになります。二人の人間を完全に理解することは決してできませんが、少なくとも、ある人がそのような行動をとる理由を垣間見ることはできます。

誰かをうまく分析できたら、次のステップはあなたの視点や要求を相手に納得させることです。自分が人生から望むもの、あるいは少なくとも他人から得るに値するものを手に入れようとするとき、説得は鍵となります。第 1 巻で説明したように、読書は行動が伴わなければ何も起こりません。自分自身を認識するのは最初は気が遠くなるかもしれませんが、周囲の他者を認識し、効果的なコミュニケーション能力を発揮するためには、このステップが不可欠です。

多くの場合、人は自分自身の内面に深く入り込み、自分の考えに異議を唱え、そのための誠実な努力をすることなく、盲目的に他人に従うことがよくあります。一見すると難しいかもしれませんが、より幸せで健康的な生活を送るためには、自分の精神を探求することが重要です。

他人からの影響を受け入れるのは健全で正常なことだということを自分に思い出してください。世界中の偉大なリーダーたちのことを考えてみてください。彼らは、率先する人々の中にポジティブな情熱とモチベーションを呼び起こし、他の人たちにインスピレーションを与えてきたかもしれません。多くの人が、まさにあなたのことを念頭に置いて、これを実行したのです。
他人の影響に屈したとしても誰も責めることはできません。これから違いを生むのは、その影響が、あなたに危害を加えようとする誰かからの操作ではなく、前向きで高揚感を与えるインスピレーションの形でもたらされるかどうかです。

人生を歩むとき、これを重要な目標として念頭に置いてください。常に良い方向に脳を使うことです。これは難しい場合もありますが、常にそうすることがより良い解決策となります。たとえ他人に簡単に操作されたとしても、そのような機会を利用して誰かを操作しないでください。これは彼らがもっと認識していなかったせいだと思われるかもしれませんが、決してそう考えないでください。古いパターンから抜け出すことがより困難になり、感情や思考に対処するためのより健全な解決策を見つけることを経験した人もいます。

他人を傷つけるのではなく、常に他人を助けてください。過去にあなたに不当な扱いをしたかもしれない人であっても、あなたの怒りの対象になってはなりません。自分の知性を善のために活用し、健全な影響力を持って世界をより良い場所にすることに貢献すれば、あなたがこれまで望んでいたすべてが現実になることにすぐに気づくでしょう。

章のボーナス

すべての成功は脳から始まる

個人の分析者または読み取り者は、余暇に何をしているかなど、さまざまな属性を通じて個人の性格を迅速に解読できます。たとえば、コミュニティの活動に参加したり、ボランティア活動に参加したり、教会の取り組みに貢献したりすると、彼らが慈善活動を行っていることが明らかになる可能性があります。一方で、延々とパーティーをしたり、テレビを見たりするのは、野心が低く、すぐに満足してしまうことを示している可能性があります。一見些細な習慣であっても、その人の本当の姿がよくわかります。
心理学が私たちの生活に与える影響

私たちの行動が遺伝学のみによって決定されるのか、遺伝によってのみ決定されるのかについては、心理学者の意見が異なります。生まれたときからの経験が主な原因であると考える人もいます。また、私たちの身近な環境や経験が私たちの行動を形作ると信じている人もいます。たとえば、誰かが継続的な虐待を受けている場合、その結果としてその人の行動が変わる可能性があります。たとえば、ある人が常に虐待を受けている場合、その人の行動はそれに応じて変化する可能性があります。
彼らが成長し、階級や人種による疎外や人種差別を経験すると、抑圧されている人々に同情する一方で、より裕福な人々や一見優れている人種を軽蔑するようになるかもしれません。

同様に、幼少期に執拗ないじめ、虐待、被害を経験した子どもは、成長して自らもいじめっ子になる可能性があります。彼らの見方、価値観、性格、態度は、おそらく幼い頃の暴力や虐待の経験によって形成されたものと考えられます。

星座や占星術を通して自分の性格を読み取ろうとしているように見える人に出会ったことがありますか?これは自己認識や理解力が低いことを示しているのではないでしょうか?たとえば、人は自分にあまり欠けているものに惹かれる傾向があります。幼少期や十代の頃に十分な親の注意を受けられなかった人が、大人になってからはドラマや注目を集める戦略を楽しむ人になり、おそらく時間の経過とともにますますドラマチックで派手になる可能性があります。

人間分析担当者は、その人が実際に誰なのかを明らかにする可能性のある微妙な手がかりに常に注意を払う必要があります。私たちの周りにはたくさんの兆候が見られます。アナリストとして必要なのは、常に目を光らせることだけです。私たちは私たちの心は、顕在意識、潜在意識、無意識の 3 つの層に分けることができます。顕在意識には、意識的な意識だけからの思考、行動、学習、経験が含まれますが、潜在意識と無意識は、私たちが存在に気づいていない情報を含む心の中の領域です。意識的な心の認識を通じて、私たちは、そうでなければ見えないか未知のままである可能性がある、私たちの身近な環境から収集されたすべての認識、感情、概念、またはアイデアの認識を獲得します。

しかし、私たちの潜在意識と無意識に関しては、そこに保存されている思考、アイデア、概念、情報のすべてについて、私たちは通常、非常に限られた認識しか持っていません。私たちの意識的な心は、その複雑さの一部しか示していません。その表面の下には、私たちが気づかないうちに私たちの性格や行動に影響を与える複数の層があります。

有能なピープルアナリストになりたい場合は、自分自身から始めてください。自分自身、または自分の性格や行動パターンをどの程度知っているか、またはどの程度よく理解しているかを評価します。これには、自分の行動を引き起こす引き金も含めて、どのような信念、恐怖、動機、または価値観がそのような行動を引き起こしている可能性がありますか?

自分自身とさまざまな性格や行動を理解したら、親しい友人や家族の性格や行動を調べ始めます。このステップが完了したら、診療所や空港で待っているときに出会う見知らぬ人、パーティーや日常の交流の中で初めて会う人など、見知らぬ人を理解しようと努めます。このスキルが自然に身につき、読めるようになるまで練習を続けてください。人々は迅速かつ効果的に専門家を好みます。

感情と人間の行動

感情は、私たちが精神活動の一部として持つ一時的な経験です。感情は最初は合理的または論理的に見えるかもしれませんが、友人が脅迫されたり非難されたりする証拠があるにもかかわらず、私たちの反応は感情的なままであることがあります。たとえば、たとえ彼ら側の不正行為の証拠が提示された場合でも。たとえ誰かが陰で私たちを裏切ったとしても、私たちは忠実であり続け、彼らをさらに信頼します。

人間として、私たちは理屈ではなく衝動的に行動する傾向があります。人の行動は感情に大きく影響されます。彼らを理解することで、彼らの行動、性格特性、行動パターンを理解し、予測する力が得られます。心理学理論
古典的条件付けは、個人が特定の行動をご褒美やご褒美などの強化要素と関連付けることによって学習する、広く受け入れられている心理理論です。同じ原則は、動物を訓練するときにもよく使われます。たとえば、犬がボールを拾うたびにおやつを与えるときなどです。必然的に、取ってくることはペットのおやつと関

連付けられるようになります。やがて、おやつが欲しいなら取ってくる必要があることを学びます。

古典的条件付けは、人間としての私たちの生活に大きな役割を果たしています。生まれたときから、私たちは泣くことと食事を与えられ、清潔に保たれることを結びつけます。学校で良い成績を収めるために一貫して勉強すること。古典的な条件付けは生活のあらゆる側面に影響を与えます。赤ちゃんは泣くことは食事を与えられるか掃除されることを意味すると学びます。生徒たちは熱心に勉強することで良い成績が得られることに気づきました。したがって、古典的条件付けは生涯を通して影響力を持ち続けます。私たちは個人として、特定の刺激に対して特定の方法で反応する方法を学びます。これは、行動分析において重要な決定要因の1つを構成します。

人間の行動と生理学。

研究によると、人々は刺激に対して特定の身体反応を示し、それを分析する際の指標として使用できることがわかっています。犯罪心理学者は一般に、犯罪心理と犯罪者が犯罪を犯す動機を理解する際にこの原理を利用します。捜査官は生体認証技術を利用して、疑わしい思考が行動と一致しているかどうかを確認しようとします。

心理学と生理学的なテクニックを組み合わせると、人間の行動の動機を明らかにするための強力なツールになります。誰かが欺瞞や嘘をついたとき、私たちの体は特定の生理学的反応（瞳孔の拡大、発汗、または誤解を招くか嘘をついている可能性のあるその他の兆候など）を示します。
脅威や不快感を感じると、心拍数が増加し、動悸が増加し、発汗が増加し、足の指のけいれんがより頻繁に起こります。生理学的または非言語的な手がかりを使用して人々を分析すると、より正確な分析が提供される可能性があります。ただし、あらゆる形式の分析と同様、100％信頼できるということはありません。

ただし、すべてのコミュニケーション形式が人々を説得する能力を持っているわけではなく、単に楽しませたり、情報を提供したりするだけのコミュニケーション形式もあります。説得は、他人を操作するための不快な手段としても使用できます。他人を説得しようとすることは、嫌悪感のある行為とみなされることもあります。説得は、その原因が結果または反応として行動の変化を引き起こすため、コミュニケーションとは区別されるべきです。

ここでは、人が説得されたときに通過する段階を見ていきます。1つ目は、受信者が提供されたコンテンツに注目するコミュニケーションです。次に、話者が何を伝えようとしているのかを理解しようとするなど、コミュニケーション全体のあらゆる側面を理解しようとします。これには、話者がどのような結論を提案しているのか、またこの結論を裏付ける証拠を理解することが含まれます。説得は、個人が提供されたものを受け入れるか同意し、それに基づいて行動するのに十分な期間その関心を保持するときに発生します。説得の主な目的は、個人または人々のグループが、提示された新しい情報のためにシリアルのブランドを変更したり、宗教的信念を変えたりするなど、新しい態度を採用することです。
コンディショニング理論 コンディショニングは、説得における主要な概念の1つです。条件付けは、服従などの直接的な指示を与えるのではなく、誰かに自分で何かを納得させようとします。

コンディショニングは、ブランドやロゴとポジティブな感情との間にポジティブな関連付けを生み出すために、広告主によって広告で広く採用されています。企業は、視聴者に笑わせたり、感傷的にさせたり、楽しい音楽や画像を使用したりするコマーシャルに頼っています。これらのコマーシャルが終わると、その感情が製品やサービスに結びつくことを期待してブランドロゴが表示されます。
接種理論 接種理論は、比較広告でよく見られます。この概念によれば、一方の主張が弱いため、その主張の信頼性が低下し、聴衆が代わりに他方の優れた主張を選択することになります。
交通理論のナレーション。

ナラティブ・トランスポート理論は、人々が物語に没頭すると態度が変わる可能性があると仮定します。これは、個人がさまざまな前提条件を満たすために、いつ物語の移動を経験するかを説明することによって、物語の説得力を実証しようとしています。さらに、物語の移送は、登場人物への共感などの特定の感情を呼び起こす物語を聞いているときに発生します。
抜粋:「初心者向けに人々とボディーランゲージを分析する方法。並外れたコミュニケーションスキルを獲得するために身体と脳の秘密を洞察するマインドセットNLP」

終わり